U0483058

成风化人

（2019）

——北京师范大学宣传思想工作研究

主　编　袁　慧
副主编　陈　霄

光明日报出版社

图书在版编目（CIP）数据

成风化人：北京师范大学宣传思想工作研究.2019 / 袁慧主编；陈霄副主编. -- 北京：光明日报出版社，2023.5

ISBN 978-7-5194-7250-4

Ⅰ.①成… Ⅱ.①袁… ②陈… Ⅲ.①北京师范大学—宣传工作—研究 Ⅳ.①G651

中国国家版本馆 CIP 数据核字（2023）第 089084 号

成风化人：北京师范大学宣传思想工作研究.2019
CHENGFENG HUAREN: BEIJING SHIFAN DAXUE XUANCHUAN SIXIANG GONGZUO YANJIU. 2019

主　　编：袁　慧	副 主 编：陈　霄
责任编辑：刘兴华	责任校对：宋　悦　贾　丹
封面设计：中联华文	责任印制：曹　净

出版发行：光明日报出版社
地　　址：北京市西城区永安路 106 号，100050
电　　话：010-63169890（咨询），010-63131930（邮购）
传　　真：010-63131930
网　　址：http://book.gmw.cn
E - mail：gmrbcbs@gmw.cn
法律顾问：北京市兰台律师事务所龚柳方律师
印　　刷：三河市华东印刷有限公司
装　　订：三河市华东印刷有限公司
本书如有破损、缺页、装订错误，请与本社联系调换，电话：010-63131930

开　　本：170mm×240mm
字　　数：136 千字　　　　　　　印　　张：11
版　　次：2024 年 4 月第 1 版　　　印　　次：2024 年 4 月第 1 次印刷
书　　号：ISBN 978-7-5194-7250-4
定　　价：68.00 元

版权所有　　翻印必究

序　言

　　党的十九大以来，以习近平同志为核心的党中央，着眼实现中华民族伟大复兴的中国梦，面对世界百年未有之大变局，科学回答了事关党的宣传思想事业长远发展的一系列带有根本性、战略性、全局性的重大问题，引领宣传思想工作守正创新，不断强起来，凝聚起奋进新时代的磅礴力量。作为党的宣传思想工作重要组成部分，高校宣传思想工作的开展对于其全面贯彻党的教育方针，坚持社会主义办学方向，培养中国特色社会主义事业的建设者和接班人具有重要而深远的意义。加强和改进宣传思想工作是当前各高校面临的一项重大而紧迫的战略任务。

　　为进一步贯彻落实全国高校思想政治工作会议和中央31号等文件精神，学校设立宣传思想工作专项课题，用以资助教师对高校宣传思想工作和思想政治工作的共性问题进行研究。2019年，学校教师积极响应，从不同学科领域、多个审视角度深入研究学校宣传思想工作。诸多可操作性研究内容一方面探索出了学校宣传思想工作新手段、新方式，产生了一批具有代表性的优秀成果，推动了教师在理论研究中深化对教育规律、育人规律的认知，提升了学校宣传思想工作的专业化、科学化、规范化水平；另一方面也为学校加快"双一流"建设提供了重要参考。

该文集作为北京师范大学教师在实际工作中不断总结实操经验、挖掘研究题材、深入理性思考的科学结晶，集中体现出教师们"抬起头能服务、沉下心能科研"的履职能力，是北京师范大学教师们投身教育事业、奉献孜孜热情立德树人的缩影，也是北京师范大学宣传思想工作科学高效开展的智慧保障之一。党委宣传部将系列优秀成果汇编出版，则进一步推动了高校宣传思想工作理论研究成果的社会孵化，扩大了高校理论集萃的辐射范围，为弘扬北京师范大学"学为人师、行为世范"的校训精神提供了良好平台。

目 录
CONTENTS

构建新时代高校意识形态安全治理体系 …………… 冯　刚　程　伟　1

新时代高校宣传思想工作队伍建设的实践路径研究
………………… 王显芳　高　超　亓振华　鄢雨欣　单人俊　7

立德树人,发挥科研育人功能,推进高校治理能力现代化
………………………………………… 周晓旭　杨昀赟　17

基于精准扶贫社会调研的大学生党性修养提升路径研究
………………………………………………… 郭智芳　28

新时代青年学生成长发展的文化特征及启示
——以校园民谣的演变为视角 ……………………… 王　振　52

习近平新时代中国特色社会主义思想的理论特质和时代特征
.... 徐　斌　65

阅读推广中的文创道具应用实践探索与思考
——以北京师范大学图书馆为例
.... 于　静　孙媛媛　弓建华　张　珅　82

挖掘五四资源　传承五四精神　服务立德树人工作
——北京师范大学传承五四精神研究
.... 魏书亮　姜　文　白　媛　102

北京师范大学是五四运动的策源地之一................ 李志英　121

五四时期北高师的学生担当与学校发展
——以1920年"北高师改并北大之议"为考察中心......... 周慧梅　149

构建新时代高校意识形态安全治理体系

冯 刚[1] 程 伟[2]

(1. 北京师范大学 思想政治工作研究院，北京 100875；
2. 河南理工大学，河南 焦作 454003)

党的十九届四中全会明确提出，坚持马克思主义在意识形态领域指导地位的根本制度。作为意识形态工作的前沿阵地，高校的意识形态工作成效直接关系到"培养什么人、怎样培养人、为谁培养人"这个根本问题。全面贯彻落实党的十九届四中全会精神，构建切实可行、运转高效的高校意识形态安全治理体系，有效防范和化解各种意识形态安全风险与挑战，责任重大、意义深远。这就需要从宏观维度提出治理战略构想，解决事关高校意识形态安全全局的问题；从中观维度明确治理策略，解决高校意识形态安全本身的根本性问题；从微观维度探索治理路径与方法，解决维护高校意识形态安全的实践机制问题。

新时代高校意识形态安全治理的基本战略

必须坚持党的领导制度。习近平总书记反复强调，办好我国高等教育，必须坚持党的领导。高校是意识形态安全的前沿阵地，高校的意识形态安全关系着学校的办学方向，直接关系到"培养什么人、怎样培养人、为谁培养人"的关键问题。这就要求，学校党委要深入学习习近平总书记关于做好意识形态工作的重要论述，切实履行意识形态工作的领导责任和政治责任，建立健全把社会主义办学方向、立德树人根本任务落实到办学全过程的制度体系，确保党管意识形态、党管方向、党管人才、党管干部、党要管党等责任的落实落地。严格落实意识形态工作责任制，坚持党委领导下的校长负责制，抓好基层党组织建设，夯实基层基础，完善大学章程，推进依法治校，办好人民满意的高等教育。同时，不断提高马克思主义在意识形态安全建设中的指导地位，进一步完善监督制度，切实营造以社会主义核心价值观为导向的良好政治生态，以马克思主义战略思维谋划来推进高校意识形态安全建设。

必须坚持总体国家安全观。总体国家安全观是新时代我国国家安全体系和安全能力现代化的基本方略，更是新时代高校意识形态安全建设的根本遵循和行动指南。党的十九届四中全会明确要求，要坚持总体国家安全观，健全国家安全体系，增强国家安全能力。高校意识形态安全作为国家政治安全的重要组成部分，高校师生的政治思想是否坚定，能否认同主流意识形态，主动维护意识形态安全，是国家能否守住意识形态安全的重要体现。必须坚持以总体国家安全观为指导，整合相关安全要素，密切协同、统筹发力。

必须坚持服务于中华民族伟大复兴。习近平总书记指出，坚持把服务中华民族伟大复兴作为教育的重要使命。当前，我国正处于实现中华民族伟大复兴的关键时期，高等教育承载着为实现中华民族伟大复兴提供人才支撑和智力支撑的时代重任。当今世界正在发生深刻的变化，思想领域的交锋碰撞更加突出，高校正处于新的历史方位，承担着新的时代责任。只有牢牢坚持意识形态领域的根本制度，精准研判和有力应对意识形态领域的重大风险挑战，不断加强阵地建设、制度建设、机制建设，牢牢把握意识形态工作的领导权和话语权，坚持"四个服务"，才能从根本上教育和引导广大师生积极投身于实现中华民族伟大复兴中国梦的伟大实践中。

新时代高校意识形态安全治理的主要策略

加强高校意识形态安全阵地建设。阵地是意识形态工作的重要依托。人在哪儿，阵地就在哪儿。特别是在网络已成为意识形态斗争主战场的今天，必须不断完善高校意识形态工作阵地制度，落实好"谁主办、谁负责""谁审批、谁负责"的主管主办管理和属地管理原则，主动占领网络空间阵地。一是要针对高校师生思想活跃的特点，对意识形态问题要抓早抓小，对苗头性、倾向性问题予以精准治理，防止"小问题"借助网络空间平台升级为意识形态论战；二是要扎实推进高校意识形态工作传统优势与现代信息技术高度融合，丰富载体、创新形式、改进方法、提升效果，做大做强高校网络意识形态阵地；三是要健全完善网络综合治理体系，建立高校网络意识形态安全预警机制。通过加强互联网和舆论引导力建设，积极开展网上斗争，发展积极健康向上的高校网络文化。

加强高校意识形态工作队伍建设。高校是意识形态安全建设的重要场域，不仅要做好意识形态安全建设的管理，还要主动参与主流意识形态建设，共治共管，共建共享，其中的关键就是培养一批政治态度坚定、思想理论扎实、工作敏锐度高的意识形态工作队伍。坚持把教师队伍建设作为基础工作，积极引导广大教师潜心育人，选优配强政工队伍，打造好党务工作者、思政课教师、辅导员三支队伍，鼓励他们扎根基层，深入师生，做好答疑解惑和教育引导工作，并在选拔、培训、绩效、评职、晋升等方面加大政策支持力度，切实为其消除后顾之忧。完善协同治理机制，强化安全责任体系，真正按照习近平总书记提出的"有理想信念、有道德情操、有扎实学识、有仁爱之心"的好老师标准，"要在坚定理想信念上下功夫、要在厚植爱国主义情怀上下功夫、要在加强品德修养上下功夫、要在增长知识见识上下功夫、要在培养奋斗精神上下功夫、要在增强综合素质上下功夫"这六个方面对广大教育工作者提出的要求，建设一支坚强有力的高校意识形态工作队伍。

加强高校意识形态安全工作评价体系建设。构建马克思主义意识形态自觉和自信的评价体系，是巩固马克思主义在高校意识形态领域指导地位的重要保证。这就需要从领导力、自信力、传播力、运用力四个方面评价高校意识形态工作成效。第一，应着重评价学校党委对全校意识形态工作的领导力，新时代高校意识形态安全治理是在学校党委统一领导下开展的多元主体协同综合治理过程，党的领导是政治优势，也是政治保障。因此，要重点考察学校党委在全校意识形态领域的具体工作中是否发挥了领导作用。第二，应全面评价学校坚持社会主义方向的自信力，看是否形成了中国特色的大学理念、大学制度、大学文化，精准了解和掌握了广大师生的马克思主义意识形态政治认同度、思想认同度、理论认同度和情感认同度。第三，应科学评价学校对主流意识形态的传播力，了解高校是否充分利用自身学科、理论、人才方面的优势，通过课堂讲授、社会实践、学术交流等多种渠道，向师生、社会包括国际社会有效传播了中国特色社会主义的思想文化。第四，应深入评价高校对于党的最新理论成果的运用力，主要是考察学习宣传贯彻习近平新时代中国特色社会主义思想和以习近平同志为核心的党中央治国理政新理念的情况，高校是否坚持把党的最新理论成果运用于立德树人实践的全过程。

新时代高校意识形态安全治理的优选路径

不断健全用党的创新理论武装师生、指导实践的工作体系。当前，高校要不断完善习近平新时代中国特色社会主义思想的学习教育、研究阐释和宣传普及工作体系，引导师生深刻把握习近平新时代中国特色社会主义思想的科学内涵和实践要求，加强高校主流意识形态认同建设，力戒形式主义。具体而言，就是要坚持和完善校院两级理论中心组学习制度，抓实校院两级领导干部学习，带动全校师生党员读原著、学原文、悟原理，形成各层级学习体系；充分利用"学习强国"等网络学习平台，不断丰富学习内容，创新学习方法，强化学习效果；集中组织专家学者深入研究习近平新时代中国特色社会主义思想，整合资源、搭建载体，促进研究成果转化，切实提升思想理论水平和教育教学质量；构建一体分层分类理论宣传普及工作体系，建立健全以人为本、精准施策、有效覆盖的宣传普及工作机制。

加强和改进高校思想政治工作。要着力提升思想政治教育亲和力和针对性，不断满足青年一代成长发展需求和期待，建立全员、全过程、全方位育人体制机制，帮助广大青年学生扣好人生的第一粒扣子，成长为能够担当民族复兴大任的时代新人。要全力推进全国重点马克思主义学院建设，深化马克思主义理论学科建设，坚持政治性和学理性相统一、价值性和知识性相统一、建设性和批判性相统一、理论性和实践性相统一、统一性和多样性相统一、主导性和主体性相统一、灌输性和启发性相统一、显性教育和隐性教育相统一，深入推进思想政治理论课改革创新，打造高水平思政课队伍，培育高质量思政课资源，推出一批优质示范课堂。同时，注重强化培育和践行社会主义核心价值观的教育引导、实践养成、制度保障，增强价值观自信，旗帜鲜明反对和抵制各种错误观点；坚定文化自信，加强中华优秀传统文化传承机制建设，大力推动中华优秀传统文化进校园工作，切实提升大学文化建设品质和水平；加强对西方发达国家高校意识形态安全理论与实践的研究和借鉴建设。

全面贯彻落实意识形态工作责任制。推进高校意识形态安全建设，压紧压实意识形态工作责任，关键是坚持"党政同责"原则，按照"一岗双责"要求，明确学校各级党委和党员领导干部的意识形态工作职责。学校党委要切实担负起全校意识形态工作主体责任，牢牢掌握学校意识形态工作的领导权，定期听取意识形态工作汇报，研判形势、决策部署，做好政策制定、队伍建设、机制构建等方面的工作；高校相关职能部门要各司其职，落实好相应的意识形态工作责任，齐抓共管、形成合力；党务工作者、辅导员、思政课教师等要发挥好高校意识形态工作主力军的作用，担起立德树人的岗位责任；全体教职工要立足岗位，身体力行、尽职尽责。同时，要按照党的政治建设要求，提高政治站位、严明工作纪律，强化意识形态工作的执纪问责，旗帜鲜明地对危害意识形态安全的言行及时查处。

新时代高校宣传思想工作队伍建设的实践路径研究

王显芳　高　超　亓振华　鄢雨欣　单人俊

摘要：宣传思想工作是高校各项工作的生命线。党的十八大以来，高校宣传思想工作队伍建设取得了积极成效，但在能力水平、培训内容和合力构建等方面还存在一些问题。新时代加强高校宣传思想工作队伍建设，要把握好增强"四力"的核心要求、求实创新的时代诉求以及构建合力的现实需要，在打牢队伍合力建设基础上下足功夫，构建全员、全方位、全过程宣传思想工作体系和宣传思想工作队伍合力育人长效机制。从理论武装、工作平台建设、专业知识培训和素养培养等方面提升高校宣传思想工作队伍能力，切实提升高校宣传思想工作的质量。

关键词：高校；宣传思想工作；队伍建设；四力

2019年4月19日，中共中央政治局会议上提出："宣传工作是党的一项极端重要的工作，是中国共产党领导人民不断夺取革命、建设、改革胜利的优良传统和政治优势。"[1] 党的十八大以来，习近平总书记高度重视宣传思想工作，多次召开重要会议、发表重要讲话、作出重要

---

[1] 中共中央. 中国共产党宣传工作条例 [N]. 人民日报，2019-09-01（01）.

指示，对宣传思想工作的重要意义、工作导向、目标任务等进行了系统深刻的论述。习近平在全国宣传思想工作会议上指出，宣传思想工作是做人的工作的，要把培养担当民族复兴大任的时代新人作为重要职责。① 中共中央办公厅、国务院办公厅印发的《关于进一步加强和改进新形势下高校宣传思想工作的意见》（以下简称《意见》）为做好高校宣传思想工作、加强高校意识形态阵地建设做出了系统规划与科学安排。高校全面贯彻党的教育方针，承担着立德树人的根本任务，建设一支政治强、业务精、纪律严、作风正的高校宣传思想工作队伍，有助于全面加强党对宣传思想工作和我国教育事业的领导，为教育现代化目标的实现创造良好的思想舆论氛围。

一、新时代高校宣传思想工作队伍建设的突出问题

（一）高校宣传思想工作队伍能力水平参差不齐

建设一支高水平的宣传思想工作队伍，是提升高校宣传思想工作水平的必要条件，是更好地为学校大局服务、为师生员工服务的基础和保证。但一些高校宣传思想工作者不能很好适应新形势下学校事业发展和大学生健康成才的需要，创新力度不够，尤其是运用现代科学技术来开展宣传思想工作的能力还不足，还不能以科学的眼光准确看待宣传思想工作。此外，高校宣传思想工作是一项重要的政治工作，部分高校的政治敏锐性和政治鉴别力不足，对"党管宣传、党管意识形态"落实不力，不同地区、不同高校的宣传思想工作队伍水平参差不齐。

---

① 习近平. 举旗帜聚民心育新人兴文化展形象 更好完成新形势下宣传思想工作使命任务 [N]. 人民日报，2018-08-23（01）.

（二）高校宣传思想工作队伍培训内容固化、创新不足

推动高校宣传思想工作不断发展强大，"守正"是基础，"创新"是关键，二者应辩证统一于高校宣传思想工作实践之中。个别高校缺乏必要的宣传思想工作培训，没有把培训宣传思想工作骨干纳入学校整体培养规划和年度培养培训计划之中，岗前培训、岗位培训内容固化，缺乏与新形势紧密相连的培训内容，不能起到开阔眼界、了解社会、增加阅历、提高实际工作能力的应有作用。部分高校还停留在"一篇通稿打天下"的机械式传达阶段，在成果转化环节也较为薄弱，没有承担起"举旗帜、聚民心、育新人、兴文化、展形象"的使命任务，难以使宣传思想工作和意识形态工作深入人心。

（三）高校宣传思想工作队伍尚未形成真正的合力

在信息化社会和全媒体时代，随着国家改革发展环境的逐步开放，各种社会意识形态及亚文化相互交错，高校宣传思想工作的形势日趋复杂。作为一项系统工程，高校宣传思想工作涉及高校内部诸多机构组织及职能安排，需要各个部门之间的通力合作。个别高校目前并没有建立一套行之有效的高校宣传思想工作体制机制并使之形成合力，没有建立健全高校党委统一领导、党政工团齐抓共管、党委宣传部门牵头协调、有关部门和院（系）共同参与的工作机制，没有充分发挥院（系）党组织保证监督作用的合力机制。同时，部分高校并没有处理好宣传思想工作与高校中心工作以及其他工作的关系，也没有同广大师生的日常生活有机结合起来，没能在高校建立起一个行之有效的内部体制机制的运行机理，更无法谈及内部体制机制的运行机理并使之更加完善的问题。

二、新时代加强和改进高校宣传思想工作队伍建设的新要求

（一）增强"四力"是加强和改进高校宣传思想工作队伍建设的核心要求

"宣传思想干部要不断掌握新知识、熟悉新领域、开拓新视野，增强本领能力，加强调查研究，不断增强脚力、眼力、脑力、笔力"，①这"四力"是习近平总书记在2018年全国思想工作会议上对新形势下宣传思想工作队伍建设提出的发展方向和对宣传思想工作者的殷切期望，为高校宣传思想工作队伍建设提出了核心要求，提供了根本遵循。"四力"从实践、观察、思考、表达等本领能力上为宣传思想工作者提出了具体要求，"四力"相互联系、相辅相成，构成了宣传思想工作者的综合素质，也为工作队伍建设提供了着力点。

（二）求实创新是加强和改进高校宣传思想工作队伍建设的时代诉求

习近平在2018年9月10日的全国教育大会上指出："我们的教育必须把培养社会主义建设者和接班人作为根本任务，培养一代又一代拥护中国共产党领导和我国社会主义制度、立志为中国特色社会主义奋斗终身的有用人才。"②办好教育的根本保证是加强党对教育工作的全面领导，这就要求高校宣传思想工作队伍要做先进思想文化的传播者和党执政的坚定支持者，就要"遵循思想政治工作规律、教书育人规律和学生成长规律"③，把

---

① 习近平. 举旗帜聚民心育新人兴文化展形象 更好完成新形势下宣传思想工作使命任务 [N]. 人民日报, 2018-08-23 (01).
② 习近平. 坚持中国特色社会主义教育发展道路 培养德智体美劳全面发展的社会主义建设者和接班人 [N]. 人民日报, 2018-09-11 (01).
③ 李泽泉. 推动理想信念教育常态化制度化 [N]. 人民日报, 2021-04-12.

握"三大规律"的内在逻辑和主要特征，在实践中加强改革和创新。因此，高校宣传思想工作队伍要结合新时代特征，强化学习，深入调研，准确把握思想政治工作、教书育人和学生成长规律，推动宣传理念和宣传手段创新，抓好传统媒体和新媒体的融合，提高宣传思想工作水平和质量。

（三）构建合力是加强和改进高校宣传思想工作队伍建设的现实需要

党的十八大以来，以习近平同志为核心的党中央高度重视高校宣传思想工作的力量整合。2015年1月印发的《意见》指出，高校宣传思想工作要"坚持齐抓共管、形成合力。推动校内外协同配合、全社会支持参与，构建高校宣传思想工作新格局"[①]。高校宣传思想工作队伍从来不是一个狭义的概念，而应是由不同群体组成的一个有机协作的整体。我国高校的宣传思想工作队伍是由高校党政干部和共青团干部、思想政治理论课教师和哲学社会科学课教师、辅导员和班主任、心理健康教育教师等几类群体组成的一个整体。不同群体之间的协作配合，即合力的大小，决定了这个队伍整体发挥作用的强弱。只有将这几支力量高度整合、协同发力，才能最大限度发挥其智慧和力量。

三、高校宣传思想工作队伍内部合力构建策略优化

（一）树立协同创新育人理念，加强组织管理，打牢队伍合力建设基础

一是要坚持把政治标准作为宣传思想工作队伍选拔任用和考核的基

---

① 中共中央办公厅，国务院办公厅.关于进一步加强和改进新形势下高校宣传思想工作的意见［N］.人民日报，2015-01-20（01）.

本标准，要把政治坚定和在理论上、笔头上、口才上有专长的优秀干部选拔到宣传思想工作队伍中来，尤其要大力选拔熟悉网络传播规律、掌握必备的网络技能、善于运用现代传媒手段新方法的教育工作者，强化宣传思想工作队伍力量。二是要加强培训培养，树立协同创新育人目标。应对宣传思想工作队伍开展有针对性的分层分类培训，保证培训时间、次数和质量，不断提高宣传思想工作队伍的政治素养和专业素养。要着重强化协同创新育人意识，将思想政治理论课教师、党政干部以及辅导员、班主任统一到协同创新育人的目标上来，改变各部门在思想政治教育中各行其是、各自为战的工作状态，形成开放、互动、协作的工作格局。三是要加强组织管理。学校党政领导等党政干部要真正成为学校宣传思想工作的组织者和协调者，落实好意识形态工作责任制，做到守土有责、守土负责、守土尽责，多方组织宣传思想工作队伍培训班或研讨会，提高队伍人员的思想认识，增加队伍人员之间的接触和交流，促进其共同探讨如何做好高校宣传思想工作。

（二）破除"本位主义"藩篱，重视和扩大教师员工参与，打造全员、全方位、全过程宣传思想工作体系

加强师德建设，凝聚教书育人的共识。高校要将师德建设放在首位，实行师德一票否决制。专业课教师要破除"本位主义"藩篱，在传授学生专业知识的过程中，通过自身的魅力和言传身教，把握专业课学习与思想道德教育的结合点；要加强与思想政治工作人员、其他学科任课教师间的横向联系，切实将教书和育人相结合，推动"思政课程"与"课程思政"同向同行，为打造全员、全方位、全过程宣传思想工作育人体系做出实际贡献。

（三）深化沟通交流，加强管理激励，构建宣传思想工作队伍合力育人长效机制

一是要注重顶层设计，建立健全领导体制。要制订宣传思想工作的整体规划和阶段性计划，进行宣传思想工作队伍合力构建的制度顶层设计，从制度上明确宣传思想工作的指导思想、工作任务，宣传思想工作队伍的构成及职责和分工、考核标准、工作配合等内容要求。二是要建立沟通协调机制。高校党委宣传部门要担负起牵头抓总的职责，建立信息和资源共享平台，对宣传思想工作队伍进行统筹培训，对队伍合力建设进行统筹规划。党委学生工作部门同马克思主义学院以及其他教学院系要建立并完善沟通交流平台，定期开展辅导员、班主任和思政课教师的交流座谈，和专业课教师一起针对学生的思想和学习问题进行教育和引导。此外，要注重总结反馈与成果转化，对于各地各校探索出的典型做法和有效经验要及时总结凝练和宣传推广，发挥好示范引领作用，建立奖励和共享机制，促进实践成果转化为可推广的政策制度。

四、提升高校宣传思想工作队伍素质的路径

（一）深化理论武装，旗帜鲜明讲政治

一是要坚定马克思主义信仰。高校宣传思想工作的主要任务在于巩固马克思主义在意识形态工作中的领导权、话语权。在当前多元社会思潮的背景下，广大宣传思想工作人员要老老实实、原原本本研习马克思主义理论，努力弄懂和掌握马克思主义基本原理与基本方法，更加坚定马克思主义、共产主义信仰，学会运用马克思主义的立场、观点和方法分析问题和解决问题。二是要坚持不懈地用马克思主义中国化的最新成

果武装头脑,善于运用党的创新理论指导实践。党的十九大报告指出,要"牢牢掌握意识形态工作领导权","必须推进马克思主义中国化时代化大众化,建设具有强大凝聚力和引领力的社会主义意识形态"①。宣传思想工作人员在高校中与大学生的联系最为紧密,是党的思想路线的"校园代言人",其自身要争做学习宣传本领的排头兵,学懂、学真、学活;同时要紧扣时代脉搏,从习近平新时代中国特色社会主义思想和习近平总书记关于宣传思想工作的重要论述中找依据、找方法,并将其落实到人才培养的各个环节。

(二)实现多渠道育人,拓展宣传思想工作平台

一是要占领和建设高校网络宣传思想工作的阵地。广大高校宣传思想工作者应积极更新教育、管理和服务理念,主动掌握并充分运用各种新媒体技术,加强网络思想舆论阵地建设,认清和掌握网络传播规律,通过微博、微信、短视频平台等新媒体渠道,传颂主旋律,弘扬和践行社会主义核心价值观,积极营造健康向上、和谐有序的网络环境,努力形成良好的网上舆论氛围。二是创新高校宣传思想工作实践方式。面对新形势,高校宣传思想工作要开拓新思路,提高工作的针对性和实效性。以帮助大学生解决实际问题为核心,在校园内搭建多层次实践性载体,提炼大学生普遍关心的社会热点、难点问题,敢于回答、乐于回答、善于回答,努力在解决实际问题的过程中强化宣传思想工作。运用社会德育资源,主动开辟实践性渠道,切实让高校宣传思想工作进课堂、进实践、进头脑。

---

① 习近平:决胜全面建成小康社会 夺取新时代中国特色社会主义伟大胜利——在中国共产党第十九次全国代表大会上的报告[M].北京:人民出版社,2017:41.

(三) 加强专业知识研修，提升自身专业水平和职业素养

一是要把握时代发展的特点。随着经济全球化的全面推进和我国改革开放进程的深入，各种思想文化交流碰撞更加频繁，社会思潮多元、多样、多变发展趋势更加突出，这些现实境况给高校宣传思想工作带来了极大的挑战。广大宣传思想工作人员要深刻领会《意见》精神，清醒认识自身肩负的重大使命，把握时代发展的特点，履行好自身的职责与使命。二是要努力提高自身的职业能力和业务水平。广大宣传思想工作者应严格按照职业能力标准的要求，学习和掌握宣传思想工作的理论及重要论述；强化教育学、管理学、哲学、心理学、社会学、新闻学与传播学等多学科的交叉积累与运用；及时总结宣传思想工作的基本规律与实践方法；切实把握校园文化建设、心理健康教育、职业规划等实务性技能，真正成为宣传思想工作的专门人才。

党的十九届四中全会审议通过的《中共中央关于坚持和完善中国特色社会主义制度、推进国家治理体系和治理能力现代化若干重大问题的决定》指出，要"加强和改进学校思想政治教育，建立全员、全程、全方位育人体制机制。落实意识形态工作责任制，注意区分政治原则问题、思想认识问题、学术观点问题，旗帜鲜明反对和抵制各种错误观点"[1]。高校是先进文化和意识形态传播的重要阵地，是坚持马克思主义在意识形态领域指导地位这一根本制度的关键场域。把握好新形势下高校宣传思想工作队伍建设的新要求，切实提升工作队伍建设的整体水平，才能更好地服务于"培养什么人"这一教育的首要问题，坚持好"党管宣传、党管意识形态"的正确政治方向，开创新时代高校宣传思想工作新局面。

---

[1] 本书编写组.《中共中央关于坚持和完善中国特色社会主义制度、推进国家治理体系和治理能力现代化若干重大问题的决定》辅导读本［M］. 北京：人民出版社，2019：24.

参考文献

[1] 习近平. 决胜全面建成小康社会 夺取新时代中国特色社会主义伟大胜利——在中国共产党第十九次全国代表大会上的报告［M］. 北京：人民出版社，2017.

[2]《中共中央关于坚持和完善中国特色社会主义制度、推进国家治理体系和治理能力现代化若干重大问题的决定》辅导读本［M］. 北京：人民出版社，2019.

[3] 中办国办印发《关于进一步加强和改进新形势下高校宣传思想工作的意见》［J］. 中国高等教育，2015（Z1）.

[4] 中共中央印发《中国共产党宣传工作条例》［N］. 人民日报，2019-09-01（01）.

[5] 习近平. 举旗帜聚民心育新人兴文化展形象 更好完成新形势下宣传思想工作使命任务［N］. 人民日报，2018-08-23（01）.

[6] 习近平. 坚持中国特色社会主义教育发展道路 培养德智体美劳全面发展的社会主义建设者和接班人［N］. 人民日报，2018-09-11（01）.

立德树人，发挥科研育人功能，推进高校治理能力现代化

周晓旭　杨昀赟

摘要：落实立德树人根本任务，必须将价值塑造、知识传授和能力培养三者融为一体、不可割裂。科研育人是立德树人的重要载体之一，是"三全育人""五育并举"过程中不可忽视的重要环节。高校科研在主动融入国家科技创新体系、服务经济社会发展的同时，要充分发挥自身的优势和特点，促进科研与教学良性互动，推进高校治理能力现代化。

关键词：高校；立德树人；科研育人；治理能力现代化

新时代高校的使命和责任已经远远超出了人才培养、学术研究、社会服务等传统领域，而是拓展到我国文化传承创新、促进国际交流合作等更广阔的领域。2018年5月2日，习近平总书记在北京大学同师生们座谈时强调，"要把立德树人内化到大学建设和管理各领域、各方面、各环节，做到以树人为核心，以立德为根本"[1]。这表明立德树人作为高校的一项基本任务，需要依托一个多维的、立体的育人系统来实现，它包括了教学育人、科研育人、学生管理工作育人等各个子系统。从高

---

[1] 习近平. 在北京大学师生座谈会上的讲话［N］. 人民日报，2018-05-02（01）.

校的具体实践中不难发现:"教书育人"作为立德树人的一个重要子系统已经被社会广泛接受且认同。虽然科研育人理念在学界已经得到普遍认可,但是,科研育人机制在多方面尚存在不完善的地方,科研和育人的融合还不符合人们的期待,这是高校"三全育人"工作中亟须推进的重要工作。因此,阐明高校科研育人的可能性、必要性,把握高校科研育人的主要内容及困难,并从高校内部治理的角度寻求对策具有一定的理论和现实意义。

一、新时代高校治理面临的外部挑战

中国特色社会主义进入新时代,我国在政治、经济、社会、文化、科技等领域取得巨大进步。社会主义市场经济更加开放、社会流动的渠道更为通畅、社会价值观念也日益多元。但与此同时,社会结构、社会需求、社会心态等出现新变化,这都给新时代国家治理体系和治理能力带来了新的挑战,也对青年大学生人生观、世界观和价值观的养成产生了新的冲击,对新时期高校思想政治工作提出了新的要求。

(一)社会结构更加复杂

社会结构的复杂化在一定程度上降低了社会秩序的稳定度,在部分群体之间增强了相对剥夺感。教育特别是高等教育成为大部分社会主体期望实现阶层跃升的主要途径。这些复杂社会变化产生的治理难题,很容易传导到高校内,对高校治理形成外源型的治理压力。比如,近期"农家女被顶替上大学"事件已持续发酵了一段时间,山东又被曝出"242人被发现涉嫌冒名顶替入学取得学历"。公众的讨论并未归于平静,反而又起波澜。除了涉事的高校外,其他高校也要从这起事件中吸取经验,秉持系统治理思维,多方协同,源头扼制。教育并不是一个"孤岛",它需要与各行各业联合起来,培养优秀的人才,而后这些优秀的人终将反哺教育,为教育保驾护航。

(二)社会教育需求更加多元

中国特色社会主义进入新时代后,人民群众对美好生活的向往在以往基础上有了更高水平和更广泛的提升,但同时人们的社会需求结构和需求内容发生了深刻变化。社会需求从重视"量"向更加注重"质"转变,由注重"硬需求"向更加注重"软需求"转变,社会需求由注重"生存"向更加注重"发展"转变。对于美好生活需要则更为强调在"日益增长的物质文化需要"的基础上能收获获得感、幸福感、安全感以及参与、尊严、权利、价值等更为高层次的情感满足。这种"新变化"下的"新需求"在高等教育领域是进一步解决好发展不平衡、不充分的问题,来满足人民日益增长的对更高质量、更加公平教育的需求,即"全面贯彻党的教育方针""加快一流大学和一流学科建设""健全学生资助制度""支持和规范社会力量兴办教育""加强师德师风建设""办好继续教育"等,这些高等教育目标的实现路径必然建立在有效的高校治理工作基础之上。

(三)社会思想意识更加多变

随着国家间的依存关系日益紧密,各种思想文化在更大范围、更深层次相互影响,这有利于我国学习和借鉴世界上有益的文明成果。但是也要看到,我国将长期面对西方在经济、科技和文化传播方面占优势的压力,维护中国文化安全和意识形态安全面临新的挑战。与此同时,国内的社会思想多元、多样、多变特征更加明显,也带来了思想观念的深刻变化。

一是义务意识没有与权利意识同步增强。随着我国改革开放的不断深化，社会主义法治建设的不断推进，网络信息技术的不断普及，社会公众接触新知识、新观念、新思想的机会增大。总体而言，人们的民主意识、法治观念、参与意愿明显增强，但公众的个体义务意识、公德意识并没有明显提升。

二是社会主流价值观念遭到更多挑战。以往中国社会推崇的主流价值观，如集体主义、爱国主义受到一些人质疑，而受西方影响，诸如拜金主义、享乐主义、极端个人主义等消极思想观念在一定范围内存在。

三是意识形态斗争形势严峻。从国际上看，各种思想文化交流、交融、交锋更加频繁，国际思想文化领域斗争更加深刻复杂，围绕发展道路和价值观的较量日益凸显。当今时代以互联网为中心的虚拟社会将变得更加兴盛，以人工智能推送信息资讯而发生虚假信息和误导信息的概率将进一步增加，也由此必定带来全球范围更大力度的治理整顿。

四是负面社会心态凸显。在全球化背景下，中西方文化的交汇和冲撞对社会多数成员的价值取向、文化认同等产生了较为深刻的影响，再加上我国近年来文化变迁速度、利益分化速度加快，市场经济自身存在的弱点和消极方面，必然反映到人们的精神生活中来，一些不利于个人健康和社会和谐的负向情绪影响不容轻视。互联网环境下，让贫富差距、阶层差距等社会问题日益放大，导致社会成员的不公平、不安全、焦虑等负面情绪增强，加上环境污染、市场投机、医患矛盾、各种安全事件频发，严重影响社会总体信任水平的提升。

二、高校科研育人存在的困境

中共中央、国务院《关于加强和改进新形势下高校思想政治工作的意见》提出，坚持全员、全过程、全方位育人。高校要把立德树人作为根本任务，把思想政治工作贯穿教育教学全过程，把思想价值引领贯穿教育教学全过程和各环节，形成教书育人、科研育人、实践育人、管理育人、服务育人、文化育人、组织育人长效机制。这为高校深入推进"三全育人"，形成科研和育人深度融合、互促共进指明了方向。

科研是立德树人的一个重要载体，是"三全育人"过程中不可忽视的重要环节。但不可否认的是，在实际工作中，仍然存在许多因素影响科研育人的实施和实效。

在顶层设计上，存在科研和育人各行其是的现象。近几十年来，随着高等教育的不断发展和进步，各高校之间的竞争愈演愈烈。由于各高校排行评价体系赋予科研成果（基金项目、论文、专著等）更多的附加值，高校为了获得更多的财政支持、更优质的生源、更高的社会名誉和地位等，投入了大量资源，制定了各种规划，实施了多元化举措激励和扩大科研队伍，推进产出科研成果，但同时学研融合的机制尚未完全建立，对科研的投入还不能很好地反哺教学。

在科研评价上，不利于教师把更多的精力投入教学。高校教师最核心的考核要求是科研成果，比如，承担（主持或参与）科研项目的级别和数量、发表（核心）期刊的数量等。繁重的教学任务和巨大的科研压力压缩了高校教师花费在备课上的时间，有些教师没有时间和精力钻研教学方法，提高教学技能，对教学工作敷衍塞责、得过且过，从而教学方式方法更新迟滞，以灌输为主。在教学过程中，最新的科研成果难以及时融入教学过程中，也影响教学质量的提升。

在育人实效上，科研育人的实现还存在重形式不重效果的情况。部分教师缺乏科研育人的主动性和自觉性，仍然坚持"以知识传授为中心"和"以考试分数为标准"的传统教育教学模式，认为育人是思想政治理论课教师或辅导员等学工人员的工作，缺乏科研育人意识。科研育人方式落后，交代学生查资料、短期科研集训和学科竞赛指导成为部分学校和教师进行科研育人的主要选项，从而导致科研育人如走马观花，普遍存在形式单一、方法雷同、没有时代气息、缺乏本校特色的问题。同时，"00后"大学生是伴随着网络成长的一代，如何把现代互联网技术内嵌到科研育人机制中，拓宽科研育人场域也是难题之一。

三、落实立德树人根本任务，充分发挥科研育人功能，推进高校治理能力现代化

新时代，高校落实立德树人根本任务，要聚焦国家战略需求、世界科技前沿和国民经济主战场，建构"立德树人+科研育人"体系，既需要加强顶层设计、优化科研布局，也需要在自觉践行中建立长效机制。

在对科研育人工作提出建议之前，有必要先探讨一下科研育人的内涵和外延。在目前的研究中，较多讨论科研育人的具体内容，较少讨论科研育人的深层含义，关于科研育人的内涵和外延探讨很少。本课题组经过研讨认为，科研育人的内涵主要是以科学精神涵养人，紧紧围绕培养社会主义建设者和接班人这一根本任务，培养学生形成严谨求实、勤奋刻苦、开拓创新的品格和能力。科研育人的外延则可以包括三个层面：以科研活动带动人、以科研平台锻炼人、以科研成果激励人。具体内容包括：

（一）以高站位的科研导向培养家国情怀

习近平总书记指出："只有培养出一流人才的高校，才能够成为世界一流大学。办好我国高校，办出世界一流大学，必须牢牢抓住全面提高人才培养能力这个核心点,并以此来带动高校其他工作。"① 因此,高校在实施科研育人工作时,要树立正确的政治观念,全面贯彻落实国家的教育理念、教育方针、教育政策。

近些年来,国家出台了很多政策规定,指导高校教育发展,比如,有推进高校"双一流"建设的《统筹推进世界一流大学和一流学科建设总体方案》,有深化思政课改革的方案《关于深化新时代学校思想政治理论课改革创新的若干意见》,有养成学风的《关于进一步弘扬科学家精神加强作风和学风建设的意见》,以及关于评价改革和产教融合的《关于分类推进人才评价机制改革的指导意见》《国务院办公厅关于深化产教融合的若干意见》。这些政策文件中既有关于平衡科研与教学的意见,又有科研融合、产教融合的意见,还有总体提升办学水平的政策,为构建高校科研育人机制提供了基本遵循。

北京师范大学坚持"全校一盘棋"的工作格局,落实立德树人根本任务,充分发挥科研育人功能,真正把立德树人、科研育人内化到高校教学、科研和管理的各环节,把成效作为根本标准。认真贯彻落实国家有关文件要求,深入推进科研"放改服",引导师生用科研育人理念自觉参与到相关的科研实践活动中,将科研育人理念贯穿师生全面发展的全过程,使高校师生在参与科研活动和了解学科前沿发展的同时,开阔学术视野和提高科研实践水平。

(二)打造"立德树人+科研育人"课程体系

科研育人取得好的效果,必须把科研环境、学术生态建设摆在首位,并注重教师在科学研究中立德树人功能的发挥。北京师范大学紧紧抓住教师队伍"主力军"、课程建设"主战场"、课堂教学"主渠道",

---

① 习近平. 把思想政治工作贯穿教育教学全过程 [EB/OL]. 新华网,2016-12-08.

加强"精准思政"建设重点、难点、前瞻性问题的研究。在马克思主义理论学科建设上，将马克思主义理论一级学科纳入学科建设重点，加大对马克思主义理论学科建设的支持力度，统筹推进课堂教育和"四有好老师"大讲堂、"治学修身"京师大讲堂等理论教育，夯实理论基础。成立了全国首家教材研究院，着力打造高水平的教材研究平台。同时，大力推动本校各学科之间交叉与合作。比如，依托教育、心理、中文、历史、信息技术等学科，以学科建设成果支撑和服务课程教学，促进提高思想政治理论课教学实效性。

（三）整合科学研究与教学活动，共同支撑人才培养

高校应以培养人才为主，这是大学组织存在的基础。研究型大学的主要任务是要将体现学科发展前沿、符合国家发展战略的高水平科学研究与教学活动整合在一起，共同支撑人才培养。面对课堂育人主渠道作用有待进一步提升，价值引领与青年成长规律的契合不够，存在政理阐释空泛、学理支撑不足、事理分析不透等短板，北京师范大学推进课堂教学、文化熏陶和社会实践协同共进，构建多位一体的育人平台，使学生的理论学习与实践体悟相得益彰、融通共进。

以往科研平台项目、优秀科研人员的育人作用发挥不够。北京师范大学一直强调尊重青年学生的认知规律和成长规律，尊重价值观教育从感性到理性的递进规律，强调用身边人、身边事来影响学生，用榜样的力量来教育引导学生。开展教书育人楷模、思政课教师年度人物、高校辅导员年度人物、大学生年度人物等先进典型的宣传选树。打造"身边的思政课""行走中的思政课"，推动思政课的"小课堂"和广阔社会的"大课堂"之间紧密结合，引导学生在实地体验和亲身经历中感受中华优秀传统文化、革命文化和社会主义先进文化的深厚力量。

（四）以高水平科研活动支撑教学

科学研究本身具有育人的内在动力，是一项合规律性与合目的性相统一的教育实践。鼓励从事基础研究的一流教师走上讲台，把一流的科研成果讲授给学生，培养学生的科学素养，增进学生对科技前沿的了解；鼓励做应用研究的教师把企业资源引入学校，让学生参与更多的实践和科技成果转化。创新型社会需要大学培养具有实践能力、跨界整合能力和创新能力的人才。学生通过项目酝酿、申报、立项、实施及成果获得等环节，既可以了解科研全过程，又能够培养独立思考、综合归纳、分析问题的能力，对学生能力的培养和提升是全方位的。鼓励学生参与科研全过程，在激发学生兴趣、活跃学生思维的同时，也在不断地给学生传递为国担当、科技强国的家国情怀和追求真理、实事求是的科学精神，引导学生树立正确的政治方向、价值取向、学术导向。

（五）完善科研评价标准和建立学术诚信体系

坚决破除"唯分数、唯升学、唯文凭、唯论文、唯帽子"这一在高校的痼疾，建立以成果质量和实质贡献为导向的评价制度。把科研诚信要求融入科研管理全过程，以进一步激发科研人员从事原创性研究的积极性。完善学术诚信体系，发挥高校学术委员会在学科建设、学术评价、学术发展和学风建设等中的积极作用。用制度来加强对科研育人质量提升工程践行的保障支持，对存在的学术不端、成果造假等不良行为进行惩治。

坚持以马克思主义为指导，全面落实到高校哲学社会科学研究和教育出版各方面，坚持正确的政治方向、价值取向和研究（出版）导向。认真落实意识形态工作责任制，加强高校思想文化阵地管理，鼓励不同学术观点"百花齐放、百家争鸣"。

高校学术期刊始终与学校教学科研两大核心使命深度融合、协同并进，彰显出重要育人价值。贯彻落实《关于深化改革培育世界一流科技期刊的意见》，以"中国科技期刊卓越行动计划"为统领，精心培育优秀梯队，打造专业化、高水平办刊队伍。与国际重要期刊数据库建立选刊推荐机制，协同国际出版界加强科研诚信联防联治。

（六）优化科研环节程序、提升科研管理服务水平和工作效能

以往科研管理政策方面发挥科研育人的作用不够，工作缺少规章制度，考核、评价机制缺乏客观有效的标准和体系，解决的实招硬招较少。北京师范大学落实国家关于加强和改进科研管理、激发科研活力的政策举措，深化"放管服"改革，① 建立健全管理制度，为科学研究的有序运行保驾护航。扩大科研人员在项目选题、资金使用和成果转化等方面的自主权，充分释放创新活力。科学合理设置内部机构，加强制度建设，强化主体责任，建立目标明确、权责清晰、管理有序、评价科学的治理体系。②

（七）整合优质科研资源，提升服务国家重大战略的能力

交叉融合是学科内涵建设的必然趋势和主流方向，也是世界高水平大学的共识和特征之一。但是目前大部分高校的研究都偏向于"各立门户"，在自己的学科领域"单打独斗"。学科或学院之间存在壁垒，项目负责人简单地将资金分配给不同学院的项目成员，结题时也只是将各学院的成果进行简单汇总，并非基于攻克某个重大问题前提下进行的各学科的通力合作，这种应景式的合作是很难有大成果产生的。以立德树人为根本，推进科研育人需要打破学科之间的藩篱，促进跨学科协同创新，突破学科内的固有思维和模式，鼓励尝试用其他学科的思维方法

---

① 中华人民共和国教育部. 教育部关于加强新时代教育科学研究工作的意见 [EB/OL]. 中国教育部网，2019-10-30.

② 殷长春. 在推进教育治理体系和治理能力现代化中彰显教育科研新作为 [N]. 中国教育报，2019-12-27（01）.

研究本领域的问题。进一步整合校内资源，跨学院、跨学科组织科研团队，充分运用新兴学科、新技术的最新成果和研究方法，推动重大原始创新、领域交叉融合、核心关键技术突破，不断拓宽教育科研的广度和深度，提升服务国家重大战略的能力。

参考文献

［1］习近平. 习近平在北京大学师生座谈会上的讲话［N］. 人民日报，2018-05-02.

［2］习近平. 把思想政治工作贯穿教育教学全过程［EB/OL］. 新华网，2016-12-08.

［3］习近平出席全国教育大会并发表重要讲话［EB/OL］. 中国政府网，2018-09-10.

［4］教育部课题组. 深入学习习近平关于教育的重要论述［M］. 北京：人民出版社，2019.

［5］中共中央，国务院. 关于加强和改进新形势下高校思想政治工作的意见［EB/OL］. 中国政府网，2017-02-17.

［6］中共中央，国务院. 深化新时代教育评价改革总体方案［EB/OL］. 中国政府网，2022-10-13.

［7］教育部. 关于加强新时代教育科学研究工作的意见［EB/OL］. 中国教育部网，2019-10-30.

［8］韩震. 大国博弈与未来世界：历史哲学视域中的国际关系［M］. 北京：中共中央党校出版社，2022.

［9］殷长春. 在推进教育治理体系和治理能力现代化中彰显教育科研新作为［N］. 中国教育报，2019-12-27.

基于精准扶贫社会调研的大学生党性修养提升路径研究

郭智芳

摘要：党和国家的事业进入新时代，面对愈加复杂的国内外形势，大学生作为党和国家事业的后备军，提升其党性修养至关重要。当前大学生群体存在入党动机功利化、多元化和主体意识、责任意识缺失问题，这一方面是由于高校党组织党建教育目的不明确和党建工作力度不强，另一方面是由于大学生党员自身重视不够，提升大学生党性修养成为一个现实问题。经过系统的文献梳理，当前学界对于将参与精准扶贫等国家重大战略作为大学生提升党性修养的研究较少，而精准扶贫等国家重大战略是坚定大学生理想信念和厚植爱国主义情怀的关键措施。本文采取扎根理论、访谈法，对北京师范大学深度参与的"聚焦精准扶贫，助力中国梦圆"专项调研活动和深度贫困地区预警监测实地调研实践同学的党性修养进行研究，发现社会实践对大学生政治理论、道德品质、组织纪律和知识与能力四个方面有较大影响，能有效提升大学生党性修养，并提出完善大学生党性修养教育机制、构建大学生参与实践提升党性修养制度等对策建议，设计社会调研方案、征文启事，构建大学生党性修养考核表，进一步丰富党性修养的内涵，促进大学生党性修养提升。

关键词：党性修养；社会调研；实践育人；精准扶贫

党员的党性修养，是指共产党员在政治理论、道德品质、组织纪律和知识与技能四个方面所进行的自我教育、自我提高、自我完善的过程。2014年5月，习近平总书记在北大师生座谈会上的讲话明确指出，实现"两个一百年"奋斗目标，高校大学生将全过程参与。高校大学生党员不仅是党员队伍中的重要组成部分，更是未来国家改革建设发展的生力军，他们的党性修养如何影响重大。引导大学生参与精准扶贫等国家重大战略是切实提升大学生党性修养的重要措施，本课题基于精准扶贫社会调研对提升大学生党性修养路径进行研究。

一、研究背景

习近平总书记在全国教育大会上强调，培养什么人是教育的首要问题①，习近平总书记的论述是站在国家繁荣、民族振兴的战略高度，针对新时代国内外愈加严峻的形势提出来的，为新时代高校教育工作提供了根本遵循。《中共中央关于加强党的政治建设的意见》进一步明确指出："党的政治建设是党的根本性建设，决定党的建设方向和效果，事关统揽推进伟大斗争、伟大工程、伟大事业、伟大梦想。"大学生党员是整个党员队伍的重要基础，是未来党建工作的主力军，是大学生群体的先锋模范，如何创造性、科学性和系统性地提升大学生党性修养是当前高校教育的重要课题。根据精准扶贫方略的顶层设计，贫困县、贫困村在退出贫困序列时必须经过第三方评估验收，而第三方往往是各大高校的老师和学生，这是高校师生大规模参与精准扶贫方略的典型，此外还有脱贫攻坚成效考核，也有高校师生参与。2017年6月，《中共中央

---

① 陈宝生. 开启加快教育现代化新征程——学习贯彻习近平总书记在全国教育大会上的重要讲话精神［J］. 紫光阁，2018（10）：10-12.

国务院关于打赢脱贫攻坚战三年行动的指导意见》出台，明确要求要开展建档立卡专项评估检查项目，项目的具体实施由北京师范大学负责，同样是高校师生深度参与精准扶贫方略的生动实践。党性修养涵盖政治理论、道德品质、组织纪律和知识与能力四个方面，当前部分大学生群体存在理论素养不高、宗旨意识淡薄、不能发挥先锋模范作用等党性修养弱化现象，加强大学生党性修养具有极强的现实意义。

（一）参与精准扶贫社会调研对大学生党性修养提升的重要性

国无德不兴，人无德不立。加强党性修养是中国共产党的优良传统，是不忘初心、牢记使命的具体体现，也是实现党所肩负的历史任务的现实需要。大学生是中国共产党的新鲜血液，肩负着建设中国特色社会主义、实现伟大复兴中国梦的历史使命，应该全面提升党性修养，成为"有共产主义觉悟的先锋战士"。提升大学生党性修养要在坚定理想信念上下功夫，教育引导学生树立共产主义远大理想和中国特色社会主义共同理想，坚定中国特色社会主义道路自信、理论自信、制度自信、文化自信，培养一代又一代拥护中国共产党领导和我国社会主义制度、立志为中国特色社会主义事业奋斗终身的有用人才。人们常说："脚下沾有多少泥土，心中就沉淀多少真情。"参与精准扶贫社会调研可以促使大学生到贫困地区去，许多大学生之前可能就没有到过农村、到过贫困地区，当同学们看到农户扶贫前后翻天覆地的变化，自然就明白了社会主义伟大制度的优越性，就愈加坚定"四个自信"；看到无数个像黄文秀同志一样辛勤耕耘在脱贫一线的干部们，自然就坚定了理想信念，向他们致敬、向他们学习。

《国家中长期教育改革和发展规划纲要（2010—2020年）》（中发〔2010〕12号）提出，要把育人为本作为教育工作的根本要求，坚持教育与生产劳动和社会实践相结合，培养德智体美全面发展的社会主义建设者和接班人。教育部等部门《关于进一步加强高校实践育人工作的若干意见》（教思政〔2012〕1号）文件也提出，要积极调动整合社会各方面资源，形成实践育人合力，着力构建长效机制，努力推动高校实践育人工作取得新成效、开创新局面。精准扶贫社会调研就是实践育人的直接体现，看见的力量是直击心灵的，能够直接激发民族自豪感和爱国主义情怀，参与精准扶贫社会调研对于大学生而言，是一堂最鲜活、最生动和最有益的思政课，能够坚定理想信念，厚植爱国主义情怀。

（二）当前高校大学生党性修养的现状分析

大学生党员是整个党员队伍的重要基础，目前，我国发展大学生党员的人数已超过全国发展党员总人数的1/3，赢得青年就赢得未来。通过对北京高校的调查，目前大学生党员在党性修养方面总体状态是好的，但仍存在着一些问题。

入党动机功利化、多元化。一是功利型动机。这些学生表示，现在很多单位在进行前期招聘时，都会有"党员优先录取"的规定，如公务员、国有企业等。为了在毕业之后得到一份优质的工作，他们才选择加入党组织。二是入党被动型。这些学生表示，自己本身对于入党并没有很强烈的愿望，但是父母认为入党对自己未来继续深造或者工作就业有很大帮助，所以要求自己入党。为了顺应父母的心意，他们选择入党。三是虚荣心驱使。有很多党员表示，学校都是优秀的学生入党，我想要成为别人羡慕的对象，因而入党。四是成长型入党。有些党员自身喜欢乐于助人，有强烈的奉献意识，觉得自己在奉献中能够感受到快乐。而党员本身的服务性质较强，因而他们选择入党，希望能够帮助更多的人。五是热爱党组织。一部分大学生表示，自己从小学习历史，对共产党十分崇拜，认为加入党组织是十分神圣光荣的，因而选择入党。

主体意识、责任意识缺失。由于部分大学生对入党的认知浅薄，使得他们在接受思想教育时大多也是抱着得过且过的心态，因而不能形成正确的党员认知。体现在日常活动中，表现为他们的活动被动性和目的不纯性。一是活动被动性。这部分大学生党员在日常活动中，主动参与活动的兴致不高，一般都会推诿逃避，假装有事不能参与活动。如果实在推脱不掉，才会勉强上阵，但活动质量不能保证。而在生活中，遇到需要帮助的情况，他们一般也不会表明自己的党员身份，害怕自己的利益受到损害，因而对情况视而不见，不能主动伸出援手。二是目的不纯。这部分学生在参与活动时，会对情况进行利益预测，如果活动不会对自己的利益造成损失，方会酌情考虑参加。如果该活动对自己有很大的帮助，他们参与的兴致也会因此提升。这种以自己利益为先的参与目的，严重违背了党员的奉献原则。因此，在大学生群体中存在少数学生党员不能以共产党员的标准严格要求自己，在日常学习生活中不敢或不愿亮出党员身份，在个人利益和集体、他人利益发生冲突时，不能做到先人后己、大公无私，先锋模范作用发挥和自觉接受群众监督方面有待进一步加强。

总之，大学生党员表现出的思想认识与行为实践相脱节充分说明大学生党性修养亟待进一步提高，而造成当前局面，高校党组织和大学生都存在责任。一是高校党组织存在党建教育目的不明确问题。很多高校的党组织在进行党建工作的过程中并没有明确的教育目的，使得大学生的党性修养教育缺乏针对性，大学生党员在党建学习过程中往往不知道因为什么而学，这种对于学习目的的无知使得大学生缺少学习的动力，学习兴趣不高，就很难真正地从自身出发建立良好的党性修养。二是高校党组织存在党建工作力度不强问题。当今社会是一个嘈杂且复杂的大环境,在这种环境下,大学生面对的诱惑也就越多,其党性修养也容易出现扭曲,此时就需要高校党组织引导学生,教育学生。然而我国的大多数高校对大学生的党性培养教育力度不强,党组织即使设置了一系列党建活动,但没能够时刻予以关注,未通过多种形式提升大学生党员的党性修养。三是大学生党员存在自身重视不够问题。很多大学生党员尽管接受了党的教育和熏陶,但并不重视,连"两学一做"的具体教育内涵很多大学生党员都只是一知半解。因此,提升大学生党员党性修养刻不容缓。

二、文献综述

精准扶贫社会实践和大学生党性修养都是国内学界研究的重要领域,通过对文献进行系统的梳理,可以掌握当前学界对于精准扶贫社会调研的大学生党性修养提升路径研究的现状,更好地开展研究。

(一)精准扶贫方面的相关研究基础

以"精准扶贫"为主题在中国知网(CNKI)进行搜索,共找到相关文献26922篇,精准扶贫相关核心文献从2014年开始出现,在过去的六年间快速增长,2018年重要文献数量达到827篇。改革开放以来,国家积极探索和实施扶贫政策、扶贫思路和扶贫方式不断创新,尤其是党的十八大以来,习近平总书记站在历史发展的新节点上,提出精准扶贫、精准脱贫方略,开创了扶贫工作的新局面。纵观近年来关于精准扶贫的研究,主要围绕精准扶贫的内涵[1]、精准扶贫具体举措[2]、精准扶

---

[1] 汪三贵,郭子豪. 论中国的精准扶贫 [J]. 贵州社会科学,2015 (05): 147-150.
[2] 张笑芸,唐燕. 创新扶贫方式,实现精准扶贫 [J]. 资源开发与市场,2014, 30 (09): 1118-1119, 1081.

贫考核机制①以及面临的困境与挑战②等展开，很少涉及精准扶贫社会实践对人才培养尤其是党员党性修养教育的巨大价值，对人才的培养主要聚焦于驻村第一书记等青年党员干部的锻炼，而对大学生群体党性修养提升的研究极少。精准扶贫以来，通过贫困县第三方评估、脱贫攻坚成效考核、建档立卡专项评估检查等项目，大学生已经深度参与到精准扶贫方略的实施当中，在参与精准扶贫社会调研中，大学生的党性修养得到了极大的提高，而目前学界对该方面的研究尚未发掘，亟须梳理并规划设计。

（二）党性修养方面的相关研究基础

目前国内学者关于党性修养的研究非常积极活跃，并且研究资料比较丰富，主要体现在党性修养的专著和文章之中，但是关于大学生党性修养研究相对较少。截止到2020年7月，在中国知网（CNKI）中搜索篇名为"党性修养"的论文共有8946篇，其中含有"高校学生党员党性修养""大学生党性修养"的论文仅有590篇，占所有"党性修养"论文的6.6%。通过对论文的梳理研究发现，对大学生党性修养的研究集中于入党动机、理论功底、专业知识、道德素养、责任意识、服务意识、主体意识等表层研究③④⑤，以及高校党组织、大学生群体特征等

---

① 李延. 精准扶贫绩效考核机制的现实难点与应对［J］. 青海社会科学，2016（03）：132-137.

② 唐丽霞，罗江月，李小云. 精准扶贫机制实施的政策和实践困境［J］. 贵州社会科学，2015（05）：151-156.

③ 江涛，姚姿如. 大学生党员党性修养的缺失与重塑［J］. 教育评论，2014（02）：88-90.

④ 贾龙宇. 高校学生党员党性修养研究［D］. 成都：成都理工大学，2015.

⑤ 徐刚. 从严治党新常态下大学生党员党性修养的提高［J］. 江苏高教，2016（02）：132-134.

深层次研究①②，通过引导大学生参与国家重大战略以提升党性修养的研究极少。通过文献梳理，大学生的党性修养涵盖政治理论、道德品质、组织纪律和知识与能力四方面，而对于大学生党性修养中每一方面的具体内涵并没有明确的二级指标。因此，本研究根据扎根理论得出二级指标，这不仅能够拓宽党性修养的内涵，对大学生党性修养提升路径的优化也有很深远的意义。

总之，通过文献研究和实际工作梳理，我们可以发现目前的党性修养教育效果未能满足党和国家对人才培养的要求，未能结合国家目前重大发展战略进行相关学习提升。例如，对精准扶贫这个重大战略，没有及时把握其育人功能和平台契机，没能解决当今党员党性修养提升路径不清晰的问题。因此本课题研究目的就是提出大学生党性修养具体提升优化路径，解决实际需求和已有路径不匹配的问题。

三、研究设计

本研究要解决的核心问题主要有两个，一是细化大学生党性修养内涵和考察标准；二是通过参与国家重大战略如精准扶贫实践调研，探讨大学生党性修养具体提升路径，做到路径有抓手、有方案、有特色、有实效。

（一）研究内容

本课题研究内容主要包括以下两方面：

---

① 施大顺.新形势下增强大学生党员党性修养的有效途径研究［J］.合肥工业大学学报（社会科学版），2012，26（05）：127-130.

② 张辉，周茹.全面从严治党背景下大学生党员党性修养存在的问题及对策探析［J］.榆林学院学报，2017，27（04）：26-29.

第一，对大学生党性修养内涵的研究。目前很多研究都聚焦在党员干部的党性修养内涵，而对大学生所需提升的党性修养内涵研究并不丰富。"聚焦精准扶贫，助力中国梦圆"专项调研活动范围囊括中西部25个省（区、市）。472位学生（党员及入党积极分子占比99.36%）前往近百个县、近500个村镇调研，辐射面积广。本次调研既是北京师范大学师生积极参与国家脱贫攻坚重大战略的生动实践，也是一次深刻的理想信念教育、鲜活的国情社情教育和生动的艰苦奋斗教育。参与调研的师生走进基层，了解农村、认识国情，与广大人民群众和干部面对面沟通交流，零距离感受精准扶贫政策在中国大地的实践落实。学生们纷纷表示通过亲身实践让他们对精准扶贫政策、脱贫攻坚工作理解更为深入，师生参与调研后的征文、感言能够充分体现他们的成长，体现社会实践对党性修养的影响过程。因此，课题组通过扎根理论充分挖掘、丰富大学生党性修养的内涵，通过开放性编码和理论性编码等拓宽大学生党性修养范围，构建大学生党性修养理论框架，使其更加细致准确，以期为考察大学生党性修养提供评估标准。

第二，通过精准扶贫社会调研梳理优化大学生党性修养提升路径。教育部等部门《关于进一步加强高校实践育人工作的若干意见》（教思政〔2012〕1号）文件提出，要积极调动整合社会各方面资源，形成实践育人合力。实践育人作为"十大育人"体系的重要组成部分，能够引导师生在亲身参与中增强实践能力、树立家国情怀。但实践育人在建设过程中依托的具体机制，如实践活动的基本形式和激励机制等仍有待完善。课题组通过深度访谈，了解参与扶贫调研活动对师生的影响，包括政治理论、道德品质、组织纪律、知识与能力四方面，研究"聚焦精准扶贫，助力中国梦圆"专项调研活动中行之有效的育人元素，提出大学生党性修养具体的可行性机制，为完善实践育人体系提出政策建议。

（二）研究方法

本课题主要采取的研究方法为扎根理论、访谈法。扎根理论研究法是由哥伦比亚大学的安塞姆·斯特劳斯（Anselm Strauss）和巴尼·格拉泽（Barney G. Glaser）两位学者共同发展出来的一种研究方法，是运用系统化的程序，针对某一现象来发展并归纳式地引导出扎根理论的一种定性研究方法。目前在社会科学领域应用非常广泛，是从经验资料的基础上建立理论，是一种从下往上建立实质理论的方法，研究者在研究开始之前一般没有理论假设，直接从实际观察入手，从原始资料中归纳出经验概括，然后上升到系统的理论。扎根理论编码过程主要包括开放性编码、选择性编码和理论性编码。课题组将基于扎根理论对参与"聚焦精准扶贫，助力中国梦圆"专项调研活动的学生撰写的100余篇调研感想进行文献编码，首先进行开放性编码，针对项目核心团队成员的征文进行开放性编码，即没有理论预设的、完全开放式的编码，该过程的结果就是要发现核心范畴。接着进行理论性编码，结合开放性编码结果和已有的理论框架，探索调研实践活动对大学生党性修养提升的影响，并为提升大学生党性修养提供可行路径。

访谈法原是一种心理学研究方法，是指通过访员和受访人面对面地交谈来了解受访人的心理和行为的心理学基本研究方法，后也常被应用于课题研究中，结合访谈提纲，通过面对面地交谈加深对访谈对象的了解。访谈法的优势十分明显，可以对较深层次的内容有比较详细的了解，内容具体而准确，可以了解到短期内不容易发现的情况等，因此课题组采用访谈法进行调研，作为编码的重要补充。本文结合扎根理论归纳总结出党性修养提升框架编制访谈提纲，并选取深度参与"聚焦精准扶贫，助力中国梦圆"专项调研活动和深度贫困地区预警监测实地调研活动的成员进行深度访谈，通过询问他们参与扶贫调研的感受和体会、思想觉悟和理论素养提高情况、参与扶贫调研中需要遵循的组织纪律，以及扶贫带来的影响等，了解精准扶贫社会实践调研对个人的影响，进一步补充扎根理论，验证理论模型。

通过扎根理论和访谈法，归纳出寒假专项调研活动对于学生党性修养培养的能力框架，探究育人模式，针对党性修养培育的薄弱项目提出优化路径，把握在精准扶贫调研中对于大学生党性修养的作用机制及发展规律，为日后实践活动的设计提供政策建议，为大学生党性修养的提升提供方向。

（三）研究结果

通过对项目核心团队成员的征文进行开放性编码，探究征文稿中体现的党性修养相关因素。在一级指标方面，结合齐艳萍和王新峰对于大学生党性修养的研究模型以及对项目组核心成员征文的开放性编码，提取出4个一级指标，分别是政治理论、道德品质、组织纪律和知识与能力。其中，政治理论体现为参加扶贫调研对学生马克思主义理论修养、党员意识等方面的影响和塑造；道德品质体现在对学生奉献精神、服务意识等方面的影响；组织纪律体现在扶贫干部的执行能力、原则性对学生的塑造等；知识与能力体现在对学生日常沟通能力、学习能力、创新能力的影响和塑造等。

结合开放性编码获得的4个一级指标，进行进一步的编码，探讨社会实践调研对学生党性修养的影响，并探讨党性修养的体现方面，细分一级指标，构建二级指标体系。具体结果如表1所示。

表 1　党性修养二级指标模型

一级维度	二级指标	频次	举例
政治理论	马克思主义理论修养	24	这一理论是马克思主义反贫困理论中国化的最新成果
	党员意识	25	作为党员更是应该践行入党誓词，将中国梦熔铸于自身情怀之中
	坚定正确的理想信念	65	当代青年要树立与这个时代主题同心同向的理想信念，勇于担当这个时代赋予的历史责任
	党员宗旨意识	26	他们用实际行动践行着党"全心全意为人民服务"的根本宗旨，用不懈的热情坚定落实党中央的决策部署
道德品质	艰苦奋斗精神	73	新征程上，不管乱云飞渡、风吹浪打，我们都要紧紧依靠人民，坚持自力更生、艰苦奋斗，以坚如磐石的信心、只争朝夕的劲头、坚韧不拔的毅力，一步一个脚印把前无古人的伟大事业推向前进
	奉献精神	73	扶贫攻坚工作中取得的每一份成效，都离不开这些基层干部的常年坚守与无私奉献
	坚持不懈/持之以恒/锲而不舍	35	我看到一个个帮扶干部为实现贫困群众脱贫致富不懈努力
	社会责任感	75	它的意义不仅在于帮助了哪个学生，还在于让更多的青少年因为这次活动而增强了对祖国的责任感

续表

一级维度	二级指标	频次	举例
道德品质	积极主动	44	建档立卡工作中一个突出的特点便是通过政治动员将中心任务和常规运动结合起来，在具体工作中充分发挥干部的主动性和积极性
道德品质	服务意识	61	主动进行政策宣传、走访慰问甚至卫生清洁，分内分外的事情，只要能帮到村民、有好处，自己出钱也要做
组织纪律	凝聚力	23	我们这里的百姓都很团结互助，只要谁家有困难，我们都会以最快时间赶过去帮忙，我们除了有国家的法律政策，还有乡规民约，这些都让我们民族紧紧凝聚在一起
组织纪律	计划执行力	48	不仅如此，各个贫困村开展的产业扶贫、金融扶贫等项目也初见成效
组织纪律	原则性	11	在学习中既要把握好原则性，又要灵活多变，同时又能够破除旧观念，用知识去帮助那些贫困落后的人多学技能，多跟他们交流，让他们走向共同发展，共同富裕的道路
组织纪律	慎独自律	3	强化贫困地区农村基层党建工作责任落实，抓基层党建、促工作落实，用知行合一的思想让制度更好地发挥指导作用
知识与能力	沟通能力	43	这次的调研活动，令我收获颇丰，不仅开阔了眼界，锻炼了与人沟通的语言能力，也进一步深入了解了社会
知识与能力	抗压能力	4	五天的入户调研、问卷填写、后续材料的整理撰写已经让我初步体会到基层工作冗杂无序，颇有"剪不断，理还乱"的纷繁，而驻村工作队的工作却是实实在在、一天一天进行的

续表

一级维度	二级指标	频次	举例
知识与能力	学习能力	40	村干部先学习，提炼精髓，然后转化成群众语言和群众沟通
	创新能力	30	白马社区则是创新性地将教育扶贫、社会帮扶和扶贫扶志教育结合在一起的
	科学文化素养	36	我认为首先要用科学知识武装自己，努力完善知识结构，提升专业素质
	人际交往/理解	42	一给一还形成了温暖人心的循环，过去人与人、百姓与干部之间的隔阂消弭于人们其乐融融的交往中
	组织协调能力	30	许多基层干部表示现在通过把精准扶贫工作作为农村基层工作的抓手，农村工作开展更加容易了，各"条块"的职能更加明晰了，部门间协调配合也更加有力了

随后，课题组采用访谈法进行调研，作为编码的重要补充。结合扎根理论归纳总结出的党性修养提升框架编制访谈提纲，并选取深度参与"聚焦精准扶贫，助力中国梦圆"专项调研活动和深度贫困地区预警监测实地调研活动的成员进行深度访谈，通过询问他们参与扶贫调研的感受和体会，进一步验证、完善党性修养二级指标模型。具体结果如表2所示。

表2 访谈编码结果

一级维度	二级指标	频次	举例
政治理论	马克思主义理论修养	3	我感受到通过建立以贫困户帮扶责任人、驻村工作队为主体的深入贫困户和贫困村的庞大工作队伍,真正实现了中国共产党"从群众中来,到群众中去"的工作作风
	党员意识	8	党员干部要有扶危救济的担当和准确的自我定位,树立积极乐观的生活态度
	坚定正确的理想信念	5	认识到社会主义制度的优越性,进而加深了"四个自信"。没有党中央和各级党委、政府的高度关注、东西部对口支援、全社会高度参与,没有基层干部的苦干精神,没有群众的自力更生,扶贫工作就很难取得如此进展
	党员宗旨意识	3	深刻体会到"为人民服务"并不是一句口号,我们的党员干部切切实实在落实这一宗旨
道德品质	艰苦奋斗精神	8	他们不畏艰苦,勇于克服困难,坚韧顽强。很多干部经常住在镇上或者乡里,很少能回家与家人团聚。在基础设施条件较差的地区,有的地方道路尚未完全修通,干部们完全靠徒步拜访村民,十分辛苦
	奉献精神	11	待人真诚、诚恳,乐于奉献
	坚持不懈/持之以恒/锲而不舍	3	扶贫先扶志,这项工作需要久久为功,需要长期反复有针对性的工作,需要耐心和技巧
	社会责任感	4	进一步增强了个人服务社会的意识,坚定了为国家现代化建设奉献力量的决心
	积极主动	9	主动做事意识提高,为同学服务意识增强,更加认识到我们国家制度的优越性
	服务意识	8	影响最大的是他们不计较个人得失、不怕困难、甘于奉献的品质,以及将服务人民群众作为价值实现的人生选择

续表

一级维度	二级指标	频次	举例
组织纪律	凝聚力	1	善于做新时期群众工作,在群众中自觉起到中流砥柱作用,能够宣传群众、团结群众
	计划执行力	4	有大局观,能够对贫困村的发展提出大致规划并加以落实,能够吸引相关资源、带动干部群众一起实现规划
	原则性	5	要有依法办事的自觉性
	慎独自律	3	按"八项规定"的要求,不能收取当地土特产、礼品等,以及其他变相违规的行为
知识与能力	沟通能力	4	可能出现沟通困难,需要扶贫干部耐心、细心,开展有效信息沟通
	抗压能力	0	
	学习能力	5	大学生参与其中时,得到的不仅是一次切切实实的实践教学,也是一堂关于思想、道德、价值的成长课
	创新能力	2	保持学习思考的良好习惯、不断创新帮扶方式
	科学文化素养	5	扎根于基层,利用自己的专业知识,以及对计算机、信息系统等的了解,辅助村干部等完成帮扶规划、数据整理工作
	人际交往/理解	6	在与群众交往的过程中,需要保持真诚的态度,做到想群众所想
	组织协调能力	3	要充分拓展资源,尽可能调动各项资源帮扶群众

（四）结论分析

结合扎根理论视角下的征文集编码和访谈编码分析，精准扶贫社会调研实践对大学生党性修养具有一定的提升，具体体现在政治理论、道德品质、组织纪律、知识与能力四方面。进一步地，政治理论包括马克思主义理论修养、党员意识、坚定正确的理想信念、党员宗旨意识四方面；道德品质包括艰苦奋斗精神、奉献精神、坚持不懈/持之以恒/锲而不舍、社会责任感、积极主动、服务意识六方面；组织纪律包括凝聚力、计划执行力、原则性、慎独自律四方面；知识与能力包括沟通能力、抗压能力、学习能力、创新能力、科学文化素养、人际交往/理解、组织协调能力七方面，进一步拓宽了大学生党性修养的内涵，完善了党性修养理论框架。

从征文集编码结果来看，精准扶贫社会调研实践对同学们政治理论、道德品质、组织纪律、知识与能力具有较大的影响。具体地看，精准扶贫社会调研实践能够提升同学们政治理论水平，尤其是在坚定正确的理想信念方面，频次达到65，其次对于党员宗旨意识也有较深的影响。在道德品质方面，精准扶贫社会调研实践的影响更为深远，其中社会责任感的频次为75，艰苦奋斗精神和奉献精神的频次均为73，服务意识的频次为61，积极主动的频次达到44，可见社会实践对社会责任感以及艰苦奋斗、奉献等传统美德的提升非常显著。在组织纪律方面，精准扶贫社会调研实践对计划执行力的影响十分显著，频次达到48，其次是凝聚力，频次为23，对原则性和慎独自律的影响不明显，这也是后续完善社会实践设计需要关注的方面。在知识与能力方面，精准扶贫社会调研实践对沟通能力、人际交往/理解的影响十分显著，频次分别为43和42，对学习能力的提升也具有重要作用，频次为40，对科学文化素养、组织协调能力等也有一定的提升，但对于抗压能力的影响不明显，在后续的社会实践中可以纳入更多的抗压训练。

从访谈编码分析结果来看，精准扶贫社会调研实践对同学们政治理论、道德品质、组织纪律、知识与能力等也具有一定影响，结果和征文集编码结果相差不大，验证了模型框架的可行性。具体地看，在政治理论方面，对党员意识影响比较深远，频次为8，对坚定正确的理想信念也具有一定影响，频次为5，可见，深度参与社会实践活动能够激发党员意识，坚定正确的理想信念。在道德品质方面，对奉献精神、积极主动意识和服务意识影响颇深，频次分别为11、9、8，也有助于培养艰苦奋斗精神，频次为8。在组织纪律方面，对原则性和计划执行力具有较大影响，频次分别为5和4。在知识与能力方面，对人际交往/理解、科学文化素养和沟通能力影响较大，频次分别为6、5、4。可见，精准扶贫社会调研实践对道德品质的影响最为深远，在后续的社会实践设计上，要加强对组织纪律、知识与能力等方面的培养，尤其是抗压能力、凝聚力的培养。

四、对策建议

大学生党性修养提升的成效很大程度上取决于大学生党员认识的高度、努力的程度、持续的长度和自我革新的力度。① 针对当前在提升大学生党性修养过程中存在的问题，我们在具体的工作中，既要着眼于实际，又要立足于长远，尤其是创新方式方法，通过引导大学生参与到精准扶贫等国家重大战略中，进行社会调研，深入了解国情、民情和社

---

① 陈娇. 大学生党员党性教育的现状与对策研究［D］. 重庆：重庆师范大学，2016.

情，切实坚定理想信念，提升党性修养。具体包括：

(一) 完善大学生党性修养教育机制

学生党员的党性培育是一项系统性工程，需要一体化的党性教育培训制度、科学的党性教育考核评价体系共同作用。高校党组织对学生党员的入党前培养、入党后考核的一套完整的长效机制，对于提高学生党员的党性修养至关重要。

其一，建立健全学生党员的全过程党性教育培训。第一，严抓入口关，重视入党积极分子党性"启蒙"教育。入党前，要重点进行政治信仰与入党动机教育，结合实践锻炼方式进行入党动机考察。第二，严格培养关，注重发展对象的党性"补钙"结果。在对发展对象的党性培养上，重点开展宗旨教育、党纪作风教育、先进性教育，通过对党的理论知识的了解，做到情感上的认同，坚定共产主义信仰。第三，严管考核关，做实学生党员党性"锤炼"过程。通过理论教育与实践考察相结合的方式，对学生党员进行纯洁性教育、组织纪律教育、理想信念教育，加强抗压能力训练，强化学生党员的责任意识、表率意识、抗压能力，锤炼党性意志，培养合格的共产党员。在入党之后，不能放松培养，应该通过各种各样的实践，包括社会调研在内等多种方式，锻炼党员，在工作中提升党性修养。

其二，建立健全党性教育考核评价体系。党性教育的成效需要通过科学考核和评价体系进行评估和巩固。应从以下两方面展开：第一，健全日常性监督考核体系。应完善日常性的督导考核体系，充分发挥普通学生对学生党员的监督作用，对身边党员的各方面表现进行实时监督，帮助学生党员自我改正。第二，建立党性修养多元评价体系。应通过开展谈心谈话、问询群众意见等方式了解学生党员整体行为情况，进行定性分析；关于党的理论知识的掌握、运用理论解决现实问题的能力，应通过党性教育考试、志愿服务实践任务分配等方式进行定量考核；而关于理想信念、对党的情感认同等思想状况的考核，则需将定性与定量有机融合，进行科学全面的考察。具体地，本课题组设计了大学生党性教育考核评价表，从四方面进行整体评价。

(二) 完善大学生参与实践提升党性修养制度

勇于实践锻炼，坚持党性修养和道德自律的统一。党性修养既表现为价值观的意识形态，也表现为党员的思想觉悟和水平，还表现为党性践行者的行动能力，更表现为一种现实的实践精神。习近平总书记强调："坚持学习、学习、再学习，坚持实践、实践、再实践。"大学生党员要坚持党性和人民性的统一，积极参与到各种社会实践活动中来，多经历一点摔打、挫折、考验，在体验为民服务、增长才干的同时，增强自身的党性修养。为此，要构建大学生参与实践提升党性修养制度。

其一，构建引导大学生参与社会实践的机制。目前高校大学生党员实践，主要依托大学生暑期社会实践和青年志愿者服务等实践项目，真正将国家精准扶贫等重大战略作为社会实践项目的高校较少。第一，需要为高校大学生党员构建一个社会实践平台，让他们有机会到全国各地，包括贫困地区，进行社会调研，真正了解国家精准扶贫等工作的具体情况。可以建立相应的实践基地，定期开展社会实践调研，让高校大学生党员参与调研过程，及时向当地反馈相关的调研结果，鼓励将社会调研中的所见所闻记录下来，编写成文。第二，高校在大学生党员教育过程中需要融入精准扶贫等国家重大战略工作的相关内容，内化为大学生党员的主人翁意识。通过社会实践调研让高校大学生党员了解精准扶贫等工作的重要性，并通过大学生党员思想意识教育提升其投身国家精准扶贫等工作的积极性。第三，可以开设相关的社会经济课程，如社会调研课程、农业产业经济学课程等帮助大学生党员发现精准扶贫等工作内在的重要社会意义，增强其强烈的社会责任意识和党员投身经济发展的使命感。

其二，建立健全大学生党员的管理制度。使大学生党员时刻处于组织教育管理之中。学校党组织也要对学生党员进行定期的思想考核，检查学生党员对党性知识的学习成果，并将考核细则规范化，同时建立相应的奖惩工作机制。第一，考核机制。只有将考核制度规范细化，学生才会产生紧迫感，从而自觉地提升自己的党性修养。学校党组织要对学生进行定期的思想考核，检查学生对党性知识的学习成果，督促学生自我提升。在考核中明确要求大学生参与社会实践的次数以及社会实践的成果。第二，奖惩机制。对于学生的党性修养，学校要定期考核，并制定严格的标准。标准涉及政治理论、道德品质、组织纪律、知识与能力四方面，对于成绩优异者和活动中表现突出者，学校要予以公开表扬或者其他奖励。而对于态度不认真、考核成绩不合格，以及活动中推三阻四者，学校要对其进行警告等处罚。在社会实践中发挥的积极作用和消极作用，都要进行明确的奖励和惩处。第三，监督机制。党支部应该对党员学生实施监督机制，促进大学生提升。如果发现某一学生产生了消极思想、偏激思想等错误思想，党支部要及时与该学生进行思想沟通，促进该学生思想改观。通过引导参与实践，重视政治理论、道德品质、组织纪律、知识与能力四方面能力提升，以促进大学生提升党性修养，成为一名合格的中国共产党党员。

五、局限与不足

本课题的局限和不足主要是受新冠疫情影响,未有效进行寒假调研,未完成实验组和对照组的监测。由于本课题采取的研究方法为扎根理论和访谈法,这两类方法主观性均较强。本课题原本打算结合扎根理论编码结果,设计涵盖政治理论、道德品质、组织纪律、知识与能力四方面的调查问卷,设计前测和后测,探究社会实践对大学生党性修养提升的影响。其中,前测在学生参加2020年寒假调研前进行,后测为学生参加2020年寒假调研后进行,但受新冠疫情影响,2020年难以实地开展社会实践调研,给问卷调研工作带来了阻碍和挑战,因此本课题采用访谈法替代问卷法,通过对深度参与2019年暑期实践调研的大学生进行访谈,了解社会实践对政治理论、道德品质、组织纪律、知识与能力四方面的影响。但由于缺乏前后对比,研究结果较为主观,不够客观。

因此,下一步工作重点为设计科学的调研问卷,结合本课题的研究成果,考虑政治理论、道德品质、组织纪律、知识与能力四方面因素,并设计前测、后测,结合实验组和对照组,在社会实践活动前后获取大量调研数据并运用专业软件进行数据分析,探讨社会实践调研与大学生党性修养之间的关系,以及政治理论、道德品质、组织纪律、知识与能力四个因素在其中的作用,是否存在中介模型等,为明确大学生党性修养提升路径提供更为科学的支撑。

参考文献

[1] 陈宝生. 开启加快教育现代化新征程——学习贯彻习近平总书记在全国教育大会上的重要讲话精神 [J]. 紫光阁, 2018 (10).

[2] 张鹏超. 新时代大学生党员党性修养论析 [J]. 学校党建与思想教育, 2020 (10).

[3] 贾旭东, 衡量. 扎根理论的"丛林"、过往与进路 [J]. 科研管理, 2020, 41 (05).

[4] 吴肃然, 李名荟. 扎根理论的历史与逻辑 [J]. 社会学研究, 2020, 35 (02).

[5] 徐刚. 从严治党新常态下大学生党员党性修养的提高 [J]. 江苏高教, 2016 (02).

[6] 齐艳萍, 王新峰. 大学生党员党性修养的缺失与重塑 [J]. 中国冶金教育, 2017 (04).

[7] 龙莎, 魏娜, 晏思雨. 高校大学生党性教育研究综述 [J]. 企业导报, 2013 (15).

[8] 梁嘉. 社会主义核心价值观视域下高校实践育人体系构建研究 [J]. 开封教育学院学报, 2016, 36 (05).

[9] 汪三贵, 郭子豪. 论中国的精准扶贫 [J]. 贵州社会科学, 2015 (05).

[10] 张笑芸, 唐燕. 创新扶贫方式, 实现精准扶贫 [J]. 资源开发与市场, 2014, 30 (09).

[11] 李延. 精准扶贫绩效考核机制的现实难点与应对 [J]. 青海社会科学, 2016 (03).

［12］唐丽霞，罗江月，李小云.精准扶贫机制实施的政策和实践困境［J］.贵州社会科学，2015（05）.

［13］江涛，姚姿如.大学生党员党性修养的缺失与重塑［J］.教育评论，2014（02）.

［14］施大顺.新形势下增强大学生党员党性修养的有效途径研究［J］.合肥工业大学学报（社会科学版），2012，26（05）.

［15］张辉，周茹.全面从严治党背景下大学生党员党性修养存在的问题及对策探析［J］.榆林学院学报，2017，27（04）.

［16］曹志杰，胡承波.关于高校学生党员党性修养研究综述［J］.辽宁省交通高等专科学校学报，2018，20（05）.

［17］赵红亮.新时期大学生党员党性锻炼刍议［J］.学校党建与思想教育，2009（20）.

［18］王长瑞.高校学生党员党性修养的现状分析及应对［J］.改革与开放，2015（04）.

［19］周石，刘慧卓，邵艳坤.高校优秀本科生党员胜任素质模型实证研究［J］.北京教育（德育），2014（04）.

［20］王宁.高校学生党员党性教育问题研究［J］.理论学习，2012（10）.

［21］贾龙宇.高校学生党员党性修养研究［D］.成都：成都理工大学，2015.

［22］陈娇.大学生党员党性教育的现状与对策研究［D］.重庆：重庆师范大学，2016.

新时代青年学生成长发展的文化特征及启示
——以校园民谣的演变为视角

王 振

(北京师范大学 马克思主义学院；北京 100875)

摘要：了解大学生的文化特征，是增进高校思想政治理论课有效性的重要着力点。校园民谣是大学生喜闻乐见的文化现象，梳理校园民谣的发展历程，是分析大学生文化特征的重要路径。改革开放以来，校园民谣经历了生成、繁盛与转变的发展历程，其中呈现出大学生精英文化、大众文化、卓越文化的阶段性特征。不同的文化特征是不同时期大学生生活方式的展现，把握大学生文化特征的变化，坚持以文化人、以文育人，对提升新时代高校思想政治教育质量具有重要意义。

关键词：新时代；青年学生；文化特征；校园民谣

一、引言

新时代中国特色社会主义建设需要深入了解青年学生。青年学生是一个国家和社会发展的重要力量。一直以来，党和国家高度重视青年工作。尤其是党的十八大以后，习近平总书记高度重视青年学生的教育与发展问题，指出"青年一代有理想、有本领、有担当，国家就有前途，民族就有希望",并把青年成长发展问题上升到实现中华民族伟大复兴中国梦的高度,强调要培养社会主义合格建设者和接班人,助力新时代中国特色社会主义建设。助力新时代中国特色社会主义建设,需要当代青年学生自觉树立坚定的理想信念、掌握过硬的专业本领、知行合一的实干精神。培养青年学生掌握这些核心素养,重要前提是要了解新时代中的青年学生。首先,了解新时代青年学生的成长发展特征。人的本质是一切社会关系的总和,随着中国特色社会主义建设的不断深入,我国的劳动生产实践、社会环境、人的主观心态等要素都发生了较大变化,由此使得新时代中的青年学生也呈现新的发展特征。深刻把握青年学生的时代发展特征,才能更好地理解青年学生思想与行为的形成原因与影响因素,进而制定有针对性的教育路径和教育方法。其次,了解新时代青年学生的成长发展规律。人在成长发展过程中有其自身的规律,其中既包括一般性的成长发展规律,也包括不同时期、不同时代的成长发展特殊规律。探索和掌握这些规律,才能不断提升育人效果,增强育人实效性,使高校思想政治工作事半功倍。最后,了解新时代青年学生的成长发展趋势。充分认识和深刻把握新时代的青年学生,除了要了解他们的过去,更要了解他们的未来。只有充分把握青年学生成长发展的总体趋势,才能结合国家发展、社会要求和青年学生实际,有效制定思想政治教育政策,切实开展思想政治教育活动,使高校思想政治教育更具针对性和有效性。

新时代宣传思想工作创新发展需要深刻把握青年学生。改革开放以来,我国宣传思想工作理论与实践取得了突出进展。但是,宣传思想工作归根到底是做人的工作,当教育对象的思想特征与行为习惯发生时代变化时,宣传思想工作理论研究与实践探索需要进一步深化。一方面,新时代宣传思想工作的理论创新需要深刻把握青年学生。宣传思想工作的基本范畴创新研究要求深刻把握青年学生，教育者与教育对象、个人与社会是宣传思想工作研究的基本范畴，了解青年学生，深化基本范畴研究，是推动宣传思想工作基础理论的重要着力点；宣传思想工作的基本矛盾创新研究需要深刻把握青年学生，宣传思想工作对象的基本矛盾是一定社会发展的要求同人们实际的思想品德水准之间的矛盾，深刻把握青年学生，有利于深刻掌握青年学生的思想品德水准以及发展趋势，进而深化宣传思想工作基本矛盾研究；宣传思想工作对象创新研究需要深刻把握青年学生，青年是宣传思想工作的重点对象，随着社会发展以及时代变化，青年学生的心理、行为发展特征与规律都需进一步深入分析和研究。另一方面，新时代宣传思想工作的实践发展需要深刻把握青年学生。宣传思想工作学科就有较强的实践性，在理论与实践的相互支撑下不断发展。随着宣传思想工作环境和对象的变化，提高宣传思想工作实践质量，需要深入把握青年学生。宣传思想工作方式方法创新要求把握青年学生，宣传思想工作具有丰富的方式方法，但是要解决方式方法和教育对象相匹配的问题，确定相匹配的方式方法的前提是深入理解和把握当代青年；宣传思想工作的制度机制创新要求把握青年学生，宣传思想工作制度机制的制定与教育对象密切相关，如何在适度原则下制定既能体现宣传思想工作目标，又能反映教育对象主动性的制度机制，需要深刻把握当代青年；宣传思想工作的过程管理要求把握青年学生，宣传思想工作过程当中包含多重要素，教育对象是一个重要因素，确保宣传思想工作过程的有效开展，需要深刻把握青年学生。

文化维度有利于丰富和深化新时代青年学生成长发展研究。了解新时代青年学生的成长发展情况是一项复杂而又系统的工程，需要选择一个良好的切入点，文化维度的引入使得该研究具有较好的可操作性。首先，文化与青年学生密切相关。青年在成长发展过程中通过自身的劳动实践在不断生成文化，同时文化通过发挥其自在的规范效用又在潜移默化地培育青年学生，因此文化维度能够较为全面地反映新时代青年学生的成长发展历程。其次，文化丰富了青年学生成长发展研究的思维视域。新时代思想政治教育的创新发展需要有效运用交叉学科研究范式，理解新时代中青年学生的成长发展历程，需要不断扩充研究视域和思维方法，以文化维度研究青年学生成长发展问题，有利于扩展研究方法和理论视域。再次，文化维度使得青年学生成长发展研究具有可操作性。青年学生的成长发展历程以及其中反映出来的时代特征是零散的、庞杂的，就一般性研究而言，很难使青年成长发展研究落细、落小、落实。文化的维度不仅为这项研究提供了一个切入点，同时它以各类文化现象为基本依据，运用辩证思维方法，可以有效总结青年学生的成长发展历程及基本特征，使该研究能够有章可循。最后，文化维度有利于深刻把握青年学生成长发展过程中的价值观研究。青年学生成长发展研究关键在于厘清新时代青年学生的成长发展轨迹，了解其反映的时代特征，解构其发展的基本规律，其中最为核心的研究着力点就是青年学生的价值观变迁。文化中最为关键、最为核心的就是价值观，因此在文化维度中研究青年学生成长发展，能够有效掌握青年学生的价值观变化及其发展的基本规律。

文化维度显然重要，但文化既丰富又抽象，了解青年学生的文化特征需要选择一个恰当的切入点。校园民谣作为一种特殊的文化现象，是解读大学生文化特征的一个重要切入点。校园民谣原本是1994年由大地唱片有限公司出版发行的专辑名称，后来成为专辑序列，其中收录了20世纪80年代末到90年代初校园大学生的原创歌曲合辑，在当时产生了较好的社会影响。后来，通常将与校园相关，或是由在校大学生创作的民谣歌曲，统称为校园民谣。就一般而言，校园民谣不算是一种音乐流派，但是在历史的发展过程中，校园民谣已经成了一种特殊的文化现象，这种文化现象与大学生的学习生活实践密切相关，反映着不同时代大学生对人与自己、人与社会、人与自然等复杂关系的思考，体现着不同时代大学生的基本特征。因此，本文以改革开放以来大陆校园民谣相关专辑、单曲以及人物访谈等资料为基础，通过文本分析新时代青年学生的文化特征。

二、校园民谣文化现象的生成逻辑

文化与人密切相关，它源自人现实的劳动生产与生活实践。从人类历史发展过程来看，人类为了解决生存与繁衍等问题，需要不断提升自身认识世界和改造世界的能力。在此过程中，人类的实践、实践过程中产生的主观心态、实践的产物（物质和精神）汇聚成了人类独有的文化，成为人类生存与繁衍的重要力量。无论是精神的文化还是物质的文化，它们都不是凭空产生的主观抽象物，与人的物质生产密切相关，源于人的现实生活。马克思指出："物质生活的生产方式制约着整个社会生活、政治生活和精神生活的过程。不是人们的意识决定人们的存在，相反，是人们的社会存在决定人们的意识。"① 一方面，物质生产促使文化得以发生。人在物质生活生产过程中，形成了对"人与自然""人与社会""人与自身""人与历史发展"等问题的基本意识，构成了一定地域一定人群相对稳定的生存方式和文化心理，形成固定地域、固定民族特有的文化模式。在这些基本意识的基础上，人不断完善自己对宗教、法律、道德、文艺、美等文化现象的理解，这些观念、观点从来没

---

① 马克思,恩格斯.马克思恩格斯全集：第 13 卷 [M].中共中央马克思恩格斯列宁斯大林著作编译局,译.北京：人民出版社,1962：8.

有脱离人的物质生产实践。马克思指出:"宗教、家庭、国家、法律、道德、科学、艺术等,都不过是生产的一些特殊的方式,并且受到生产的普遍的支配。"① 因此,文化的发生受自身生产能力的制约,它是文化发生的现实基础,正如马克思和恩格斯在《共产党宣言》中所指明的:"每一历史时代的经济生产以及必然由此产生的社会结构,是该时代政治的和精神的历史的基础。"② 另一方面,物质生产促使文化得以发展。物质生产不是一成不变的,与之相对应的各类文化现象也是运动、变化和发展的。马克思指出:"人们的观点、观念和概念,一句话,人们的意识,随着人们的生活条件、人们的社会关系、人们的社会存在的改变而改变。"③ 对于人类社会自身发展的基本意识,在广泛的物质生产中不断丰富和完善,使个人在处理人与自然关系的过程中更加自信、有效、和谐,由此而不断丰富和完善的生存方式使得文化在生产实践中不断发展,推动人类文化史向前发展,正如马克思和恩格斯所指出的:"思想的历史除了证明精神生产随着物质生产的改造而改造,还证明了什么呢?"④ 由此可见,无论是文化的发生还是文化的发展,都源于人类自身的物质生产,受以生产方式为代表的社会存在所决定。

校园民谣成为一种文化现象,与大学生的成长环境密切相关。"解放思想、实事求是"为校园民谣的形成提供了有利条件。改革开放以前,国内音乐主要以革命样板戏、"红色歌曲"为主,大学生较少接触

---

① 马克思,恩格斯. 马克思恩格斯全集:第42卷 [M]. 中共中央马克思恩格斯列宁斯大林著作编译局,译. 北京:人民出版社,1979:121.
② 马克思,恩格斯. 马克思恩格斯列宁斯大林文集:第二卷 [M]. 中共中央马克思恩格斯列宁斯大林著作编译局,译. 北京:人民出版社,2009:9.
③ 江苏五院校选注. 马克思恩格斯列宁斯大林文艺论著选读 [M]. 南昌:江西人民出版社,1981:91.
④ 中共中央马克思恩格斯列宁斯大林著作编译局. 马克思恩格斯选集:第一卷 [M]. 北京:人民出版社,2012:420.

到流行音乐等形式。改革开放以后，中国香港、中国台湾以及国外一些优秀音乐作品相继传入，受到大学生的极大关注，尤其是20世纪80年代以后，台湾地区的民谣歌曲逐渐传入大陆，在大学生中引起较大反响。大学生对这种结构短小精悍、旋律简洁朴实、歌词简单叙事的歌曲形式表现出了极大兴趣，这为大陆校园民谣的发展打开了视域。

校园民谣的生成发展与大学生学习生活实践的变化密切相关。一方面，校园民谣与大学生的学习实践密切相关。改革开放以后，大学生的学习状态经历了一个变化的过程。改革开放初期的大学生渴望知识，学习热情十分强烈。面对高涨的学习热情，如何有效调节大学生的学习生活，减轻大学生自发的学习压力，提高大学生的学习效率，成为当时高校的重点工作。20世纪80年代后期大学生的学习压力有所改变，尤其是到了20世纪90年代后，在计划经济体制内，由于就业压力较小，大学生的业余文化生活逐渐丰富起来，这种学习状态逐渐反映到了校园民谣之中。《文科生的一个下午》歌词写道："忘掉了作业太多的英语算数，走进了文学——我的乐土，从荷马史诗到鲁迅全集呀，这个下午我好舒服。"热爱学习，追求科学和理想，这些都体现在了改革开放初期的校园民谣当中。另一方面，校园民谣与生活实践密切相关。《校园民谣1》磁带的封面中写道："每一首歌都来自一个动人的故事，每个故事都发生在你生活的四周。"改革开放初期，我国大学生的物质生活条件相对有限，但业余文化生活有声有色，在社交需求、精神需求等驱动下，大学生流行练习吉他，创作诗歌和歌曲，这使得校园民谣成为一种反映大学生真实生活的文化现象。总体来讲，校园民谣的产生是体现改革开放初期时代特征、中国国情、教育实际的一种特有文化现象，充分展现了改革开放以后大学生的学习生活实践的基本特点。

三、多样文化中校园民谣的转变

校园民谣在开放多样的文化氛围中逐渐淡去。一位曾经的校园民谣创作人深刻指出,现在的大学里没有校园民谣,大学变成了社会,大学里面的音乐是各种各样的。① 当1994年《校园民谣》专辑中的词曲及演唱者纷纷步入中年,当"后校园民谣时代"成为一代人的记忆,校园民谣已经逐渐淡出了广大大学生的视野,或成了一种情怀和时代记忆,或转变成了其他音乐形式。随着视野的开阔和多样文化的交流,新时代的大学校园中流行的音乐类型越发多元化,摇滚、爵士、说唱、蓝调等风格的音乐在满足大学生多样的音乐需求时,虽然也有民谣,但是这种民谣有更多的社会元素融入,已同之前的校园民谣有所不同。当然,新时代校园中仍然存在一些校园民谣,但从一定意义上讲已经成为一个极为小众的文化现象,成了一小部分具有校园音乐情怀的大学生的文化坚持。

校园民谣的散场与转变具有多重原因。就客观性而言,改革开放以来,校园内外的环境发生了较大变化。高等教育改革后,广大大学生在校学习生活情况发生较大变化,学习、生活、就业等客观压力减少了大学生的文艺创作时间和空间;进入21世纪以后,我国音乐市场也发生了较大变化,传统卡带、CD逐渐被MP3和网络音乐所取代,传统收益方式受到限制,校园原创音乐的开发和支持力度有所下降;随着改革开放的进一步深化,多样文化汇聚于大学校园之中,更多的文艺形态和音乐形式满足了时代青年多样需求,欧美、英伦、日韩流行音乐逐渐成为

---

① 李鹰. 校园民谣志 [M]. 北京:中国人民大学出版社,2006:136.

热门音乐。就主观性而言，广大大学生在时代发展中出现了不同的生活方式，世界观、人生观、价值观在社会变迁中不断反思，对婚恋、事业、家庭等问题的主观认知也在发生变化，变化发展着的学习生活实践以及主观认知心态，使得作为文化结果的校园民谣在时代发展中经历着繁盛、变化和消融的历程，比如有音乐人回忆："那时候也没有什么好比的，不像现在比换了什么手机，买了什么新车，当年有个BP机就是有钱人了。我们就是比有没有新歌，一唱出来能不能镇住所有的人。"[①]

校园民谣在时代发展中消散与重生。时代在变化，社会在变迁，学生在发展。虽然校园民谣在音乐形式上面临消散，但其精神在延续，其存在方式在发展。新时代中的广大大学生在自己的学习生活实践中，用自己的所见、所思、所想创作着新时代的民谣，虽然它已成为一种小众的音乐形式，但它也在坚持抒发着自己对卓越的执着、坚守和追求。新时代青年学子在继承中创新发展着校园民谣，虽然传播方式、听众群体、词曲内容均有了新时代的特点，但是在校园民谣中反映的大学精神并没有消退，在新时代的校园民谣中反映强烈的卓越文化。

四、在自我肯定与自我否定矛盾运动中的自由超越

在时代发展进程中，大学生经历了一个认识深化的过程。从最初强烈的身份认同"天之骄子"，到后来的增进社会认同"我仅仅是一个大学生而已"，在这种自我肯定和自我否定的矛盾运动中，青年学生结合国家发展大势和自身客观实际，追求个性自由与超越。歌曲《如也》的歌词中写道："旁人不请自来审视我，当事者闭上眼宣判了。美丽的

[①] 李鹰. 校园民谣志［M］. 北京：中国人民大学出版社，2006：56.

将我无声抚摸,我不说任由时间涂抹。旁人不请自来太偏颇,当事者闭上眼不看了,美丽的给我温暖沉默,我不说任由世界涂抹。"歌曲《蒲公英》的歌词中写道:"为了生存的需要,谁也摆脱不了那些虚伪的笑。人们的争吵,可是我要把这些,一切的不美好,城市的喧闹,全部都扔掉。"这些民谣歌曲反映了大学生对于个性自由的追求,对于世俗评价的超越。

更加关注品质与成长发展需求。步入新时代,面对国家与社会的发展大势,大学生更加关注自身的成长发展需求。与以往有所不同,新时代大学生对于自身的成长发展需求具有不同特征。对于学习、生活、工作等,大学生更追求品质。《大龄文艺女青年之歌》的歌词中写道:"王小姐三十一岁了,朋友们见到了她,都要问一个问题,你什么时候打算嫁呀?可是嫁人这一个问题,又不是她一个人可以决定的。"对于婚恋,大学生拥有更多的想象空间,绝不为了结婚而结婚,追求高品质的爱情与婚姻。同时,校园民谣从繁盛到退场的过程,本身也反映出大学生从精神世界的客观需求,走向更加务实的成长发展需求,更加关切自己的职业发展与未来,超越了原有的基本需求阶段。

五、时代新人与卓越文化

从校园民谣的兴起到校园民谣的退场与转变,从精英文化到大众文化,时代发展进程中的大学生更加冷静地看待自己的社会角色与现实世界。首先,对于大学生社会角色的深化认知。大学生在社会发展中深化着对"大学生"这一文化符号的认识,对于这个认识包含两个层面的内容。一方面,大学生群体是一个优秀的青年群体,是被寄予厚望的群体,承担着民族复兴的历史重任;另一方面,大学生群体也是一个成长发展的群体，在人生观、世界观、价值观等方面仍未成熟，对于社会、历史、文化等方面的认识仍需要加深。在这种认识中，青年学生更加全面、客观、平和地看待自己的社会角色。其次，对个人与社会的深化认知。改革开放初期，广大青年学生有着强烈的自我认同，期待引领社会发展；2000年以后，广大青年学生有着鲜明的寻求社会认同的特征，期望在个人与社会的活动中实现自由全面发展；新时代以来，广大青年学生对个人与社会的认识更加客观，希望通过个人的努力，在与社会的有序互动中，实现个人和社会的协同发展。再次，对个人与历史发展的深化认知。新时代背景下，随着知识的深化和视野的开阔，广大青年学生对时代发展以及历史进程的认识更加深刻，能够在历史发展的纵向视野中准确把握自身的定位和认知。最后，对自己与文化传承创新的认知。新时代以来，青年学生对于中华传统文化的认知逐渐增强，同时随着国际文化交流的加深以及多元文化的影响，青年学生在继承中华传统文化的基础上，结合自身的特征以及变化发展的实际，积极创造着新时代中的卓越文化。

在平和中创造不平凡，在超越中实现卓越。在客观地看待自身的社会角色和社会发展之后，广大青年学生开始更加平和地学习、实践与生活。但是，这种平和并不代表平庸，潜在的自我认同以及强烈的理想信念使青年学生在平和的心态中积极创造着属于自己的不平凡。《脱缰》的歌词中写道："永不恶言相向，永不暗自考量。永不放任乖张，永不停止成长。为你追风逐浪，为你再次疯狂。为你永存想象，为你逃过死亡。"一方面大学生以平和的心态看待这个世界，另一方面也在潜在的自我认同中创造不平凡的生活，在自我超越中不断造就卓越文化。这种卓越文化表现在两方面。一是对自身生活方式的创新探索。青年学生在学习生活与社会实践中，更加清醒地认识自己、认识社会，积极寻求自身的提升与发展，在自我深化与自我提升中生成着关于自身成长发展的卓越文化。二是对群体生存方式的创新探索。青年学生在潜在的自我认同影响下，具有强烈的社会责任感和使命感，在理想信念与爱国情感的指引下，积极推动现代生活方式的创新发展，在个人与社会生活的互动中，积极生成着群体的卓越文化。

改革开放40多年来，校园民谣经历了生成、兴盛与转变的发展轨迹，其背后是大学生生存方式的改变，这里面既包含着大学生学习生活方式及主观心态的变化，也包含着大学生学习生活实践结果的变化。回顾改革开放以来校园民谣发展演进的过程，可以从中发现，时代进程中的大学生呈现精英文化、大众文化、卓越文化的阶段性文化特征。当前，对于想要实现高校思想政治教育的内涵式发展，提高高校思想政治理论课质量，需要正视教育对象的文化特征，把握教育对象追求卓越的生活方式，理解青年学生自我肯定、自我否定与自我超越的矛盾心理，进而使高校思想政治理论课教学与日常思想政治教育更加符合青年学生的生活实际与发展需求，更好地引领青年学生创新发展卓越文化。与此同时，需要不断增进思想政治教育的文化蕴含，坚持以文化人、以文育人，使青年学生在熟知的卓越文化生活中，潜移默化地接受价值引导，更好地担当民族复兴大任。

参考文献

[1] 马克思，恩格斯. 马克思恩格斯全集：第13卷［M］. 中共中央马克思恩格斯列宁斯大林著作编译局，译. 北京：人民出版社，1962.

[2] 马克思，恩格斯. 马克思恩格斯全集：第42卷［M］. 中共中央马克思恩格斯列宁斯大林著作编译局，译. 北京：人民出版社，1979.

[3] 马克思,恩格斯. 马克思恩格斯文集:第二卷 [M]. 中共中央马克思恩格斯列宁斯大林著作编译局,译. 北京:人民出版社,2009.

[4] 江苏五院校选注. 马克思恩格斯列宁斯大林文艺论著选读 [M]. 南昌:江西人民出版社,1981.

[5] 习近平. 习近平谈治国理政:第2卷 [M]. 北京:外文出版社,2017.

[6] 冯刚,沈壮海. 中华人民共和国学校德育编年史 [M]. 北京:中国人民大学出版社,2010.

[7] 教育部思想政治工作司. 加强和改进大学生思想政治教育重要文献选编(1978—2014)[M]. 北京:知识产权出版社,2015.

[8] 李鹰. 校园民谣志 [M]. 北京:中国人民大学出版社,2006.

[9] 贾雪丽. 大众文化价值论——以伦理学为视角 [M]. 北京:中央编译出版社,2017.

[10] 张海波,童星. 被动城市化群体城市适应性与现代性获得中的自我认同——基于南京市561位失地农民的实证研究 [J]. 社会学研究,2006(2).

[11] 中共中央 国务院关于印发《中国教育改革和发展纲要》[N]. 人民日报,1993-02-27(01).

[12] 黄志坚. 究竟应当如何认识这一代青年?[N]. 人民日报,1981-02-24.

习近平新时代中国特色社会主义思想的理论特质和时代特征

徐 斌[1]

(1. 北京师范大学 马克思主义学院,100875)

摘要:党的十八大以来,面对日新月异、不断发展变化的世情、国情、党情,依据新的历史起点和发展任务,以习近平同志为核心的党中央立足实际,运用马克思主义的基本原理,对当代中国改革和现代化建设实践中出现的新形势和新问题做出了战略性的规划、科学性的解答,为新时代继续坚持和发展中国特色社会主义提供了思想和方法上的引领。党的十九大之后,习近平新时代中国特色社会主义思想作为党和国家必须长期坚持的指导思想被确立下来,这一科学理论体系的基本内容、层次结构、精神实质进一步明确。

关键词:习近平新时代中国特色社会主义思想;理论特质;时代特征

理论特质和时代特征是习近平新时代中国特色社会主义思想的本质属性、鲜明特点。其中,理论特质是习近平新时代中国特色社会主义思想所具备的内在的、根本的性质或属性,属于内在的品质;时代特征是习近平新时代中国特色社会主义思想在新时代所彰显出来的外在的特征和表现,属于外显的品质。进一步分析、研究习近平新时代中国特色社会主义思想的理论特质和时代特征，有助于我们从内到外更加全面、立体、深刻地把握这一科学理论体系，更好地认识其中的逻辑结构和内在联系，更好地发挥其从原则到方法、从价值理念到实践目标的指导作用，对于深化中国特色社会主义的理论建构和实现国家富强、民族复兴具有重要的理论和现实意义。

一、习近平新时代中国特色社会主义思想的理论特质

理论是对客观事物本质和社会发展规律较为系统的认识与论述，由于在观照世界、理解现实、指导实践的方式、内容和价值取向上的差异，各种理论体系呈现不同的逻辑理路和层次样态，显示出各自的内在特质。习近平新时代中国特色社会主义思想作为当代中国的马克思主义，是对马克思主义这一科学理论体系的继承和发展，虽然所处的历史时期有所不同，但在基本的原则、立场、观点、方法及内在的价值追求等方面是前后相继的，因此二者内在的理论特质具有一致性。与此同时，习近平新时代中国特色社会主义思想又是源于并指导新时代的实践，因此在鲜明体现马克思主义基本理论特征的同时，又对发展马克思主义做出了原创性的贡献，赋予了马克思主义新的时代内涵，随时代的发展深化了对相关规律的认识，因此在自身的理论特质上又有着新的特点。总结来看，习近平新时代中国特色社会主义思想的内在特质主要表现为整体性、科学性、人民性和开放性的统一。

（一）整体性：系统完备的科学体系

习近平新时代中国特色社会主义思想涵盖经济、政治、文化、法治、科技、教育、民生、民族、宗教、生态文明、国家安全、祖国统

一、国际关系等各个领域，涉及改革发展稳定、内政外交国防、治党治国治军等不同方面的工作，是一个系统完备、内涵丰富、逻辑严密的整体性的思想体系。

习近平新时代中国特色社会主义思想以"一个主题""八个明确"和"十四个坚持"为主要组成部分：坚持和发展中国特色社会主义是中国改革开放以来的时代主题，也是习近平新时代中国特色社会主义思想全部理论和实践的鲜明主题；"八个明确"的核心内容提供了思想层面的理论指导，指明了建设中国特色社会主义的总目标、总任务、总体布局和战略布局；"十四个坚持"的基本方略明确了实践层面的行动纲领，为实现"两个一百年"奋斗目标和中华民族伟大复兴提供了具体的方法论、多维度的路线图。各部分之间有机统合、融会贯通、相互促进，共同构成一个严整的科学体系。

"八个明确"作为习近平新时代中国特色社会主义思想的核心内容，起到了提纲挈领的关键性作用，在宏观层面上对坚持和发展中国特色社会主义的思想性问题、战略性问题提供了方向和指引。在党的十九大报告中，习近平总书记把建设中国特色社会主义事业的总任务、总体布局和战略布局、新的社会主要矛盾、全面深化改革总目标、全面推进依法治国、新时代强军目标、中国特色大国外交、中国特色社会主义的最本质特征和中国特色社会主义制度的最大优势八项内容总结概括为"八个明确"，对在新时期如何继续坚持和发展中国特色社会主义，从主要任务、目标方向、发展动力、布局规划、内外保障、领导力量等各方面做出了明确的回答。"八个明确"体现了以习近平同志为核心的党中央在党的十八大以来始终坚持整体性、系统性和协同性的战略思维，对建设中国特色社会主义事业是从总体上进行考虑和布局的。"八个明确"涉及社会发展的内外各方面，是有机衔接、相辅相成的整体统筹规划，而其中的每一部分又自成一个系统完备的有机整体，同样体现出整体性的内在逻辑。

"十四个坚持"的基本方略为坚持和发展中国特色社会主义提供了行动和实践的基本遵循，是对党治国理政重大方针和原则的最新概括，涵盖了各方面具体工作的政策方向、内在要求和实践路径。"十四个坚持"的基本方略，在领导力量和政治保障上，强调要坚持党对一切工作的领导、坚持党对人民军队的绝对领导、坚持全面从严治党；在价值追求和理念引导方面，强调要坚持以人民为中心、坚持社会主义核心价值体系；在经济建设和社会发展中，强调要坚持全面深化改革、坚持新发展理念、坚持在发展中保障和改善民生、坚持人与自然和谐共生；在政治建设和维护国家安全、统一的工作中，强调要坚持人民当家作主、坚持全面依法治国、坚持总体国家安全观、坚持"一国两制"和推进祖国统一；在发展对外关系和推进交往合作中，强调要坚持推动构建人类命运共同体。"十四个坚持"的基本方略以问题为导向，指明了新时代坚持和发展中国特色社会主义的过程中可能遇到的矛盾和阻碍，同时也提供了解决问题的科学方法和实践路径，是涵盖社会发展各项系统的整体方略。按照"十四个坚持"基本方略的指导和要求开展建设，有助于形成各项工作协调互动、内外联动、彼此推动的良好局面，从而促进实现整体功能和效果的最优化。

黑格尔认为，哲学是发展中的系统，"哲学若没有体系，就不能成为科学"[①]。习近平新时代中国特色社会主义思想运用马克思主义的基本立场、观点和方法，立足时代命题，全方位地总结涵盖了党的十八大以来我们党所实现的理论和实践创新，构建了整体性的新思想、新理

---

① 黑格尔. 小逻辑 [M]. 贺麟, 译. 北京: 商务印书馆, 2009: 56.

念、新战略,是系统完备的科学理论体系,为新时代坚持和发展中国特色社会主义提供了全面的思想指导和基本的行动指南。

(二)科学性:对"三大规律"的深化认识

《实践论》中指出:"人们要想得到工作的胜利即得到预想的结果,一定要使自己的思想合于客观外界的规律性,如果不合,就会在实践中失败。"① 规律是不以人的意志为转移的客观存在,是人们认识世界和改造世界的基本遵循,科学性体现为对自然界和人类社会规律的正确认识、合理运用。习近平新时代中国特色社会主义思想具有科学性,是对共产党执政规律、社会主义建设规律和人类社会发展规律这"三大规律"的深化认识,是在运用辩证唯物主义和历史唯物主义的基本原则科学地分析问题、解决问题的实践过程中不断发展完善的。

共产党执政规律是关于如何提高党的执政能力、巩固党的执政地位、加强党的建设的科学认识。习近平新时代中国特色社会主义思想对党的十八大以来全面从严治党的经验进行了总结,为适应新的形势提出了新时代党的建设总要求和党的组织路线,为党的建设做出了顶层设计和战略部署,科学地回答了"建设什么样的党、怎样建设党"这一重大历史课题,是对马克思主义政党学说的丰富和发展。"应付和战胜前进道路上的各种风险和挑战,关键在党。"② 党的十八大以来,党中央依据"坚持和加强党的全面领导"这一根本原则,明确了"坚持党要管党、全面从严治党"的党的建设指导方针,深入推动了党的各项建设,加强了党的长期执政能力建设、先进性和纯洁性建设,为迎接历史性变革提供了坚强的政治保障。

---

① 毛泽东. 毛泽东选集:第一卷[M]. 北京:人民出版社,1991:284.
② 中共中央文献研究室. 习近平关于全面从严治党论述摘编[M]. 北京:中央文献出版社,2016:6.

社会主义建设规律是关于社会主义国家如何提升自身生产力水平、提高人民生活水平、坚持人民民主、建设先进文化、促进国家富强,从而向社会主义的更高阶段迈进的科学认识。习近平指出:"社会主义并没有定于一尊、一成不变的套路,只有把科学社会主义基本原则同本国具体实际、历史文化传统、时代要求紧密结合起来,在实践中不断探索总结,才能把蓝图变为美好现实。"[1] 习近平新时代中国特色社会主义思想依据时代形势的变化,回答了新时代坚持和发展中国特色社会主义的一系列重大问题,通过对中国特色社会主义本质特征、指导思想、制度保障、根本动力、精神力量等问题的说明,进一步丰富了中国特色社会主义的内涵,深化了对社会主义建设和发展规律的科学性认识。

人类社会发展规律是对世界发展大趋势的准确把握,是关于如何促进世界繁荣与发展、解决世界性难题的科学认识。为人类社会的发展贡献智慧和方案,做出更大的贡献,是中国共产党的一贯追求,习近平在党的十九大报告中指出:"中国共产党是为中国人民谋幸福的政党,也是为人类进步事业而奋斗的政党。中国共产党始终把为人类作出新的更大的贡献作为自己的使命。"[2] 党的十八大以来,以习近平同志为核心的党中央不断开创中国特色社会主义建设的新局面,在道路、理论、制度、文化方面开辟了当代世界社会主义运动的新局面,也为广大的发展中国家提供了发展方面的有益借鉴,体现出比资本主义制度更为广泛和明显的制度优势。近年来,中国共产党积极推动构建人类命运共同体,科学地回答了"建设一个什么样的世界、如何建设这个世界"这一人

---

[1] 习近平. 在纪念马克思诞辰 200 周年大会上的讲话 [M]. 北京:人民出版社,2018:27.
[2] 习近平. 决胜全面建成小康社会夺取新时代中国特色社会主义伟大胜利——在中国共产党第十九次全国代表大会上的报告 [M]. 北京:人民出版社,2017:57-58.

类发展的重大课题，为维护国际公平正义、构建国际治理新模式提供了新方向和新选择，同时以"一带一路"的重大战略决策为载体，提供了构建人类命运共同体的现实途径，为推动各国相互信任合作、共谋繁荣发展提供了牢固保障和全新动力。

（三）人民性：以人民为中心的根本立场

"不忘初心、牢记使命，说到底是为什么人、靠什么人的问题。以百姓心为心，与人民同呼吸、共命运、心连心，是党的初心，也是党的恒心。"[①] 习近平新时代中国特色社会主义思想内含着深厚的人民性特质，以人民为中心的立场、观点和目标贯穿这一思想体系的始终，科学地回答了中国特色社会主义"为谁发展、靠谁发展、要什么样的发展、发展成果由谁享有"等一系列基本的问题。

习近平新时代中国特色社会主义思想的人民性特质可从以下四个维度进行理解：其一，尊重人民主体地位的价值立场。人民是社会物质财富和精神财富的创造主体，是改革发展的评价主体，更是社会成果的享用主体。"人民是历史的创造者，是决定党和国家前途命运的根本力量。"[②] 习近平新时代中国特色社会主义思想坚持唯物史观，始终尊重人民的主体地位，注重发挥人民的首创精神，为推动社会发展奠定了坚实的群众基础和动力基础。其二，坚持以人民为中心的价值理念。以人民为中心就是要始终把人民的利益放在一切工作的突出位置，置于发展的核心位置。我们的党始终与人民是一个共同体，"党性和人民性从来都是一致的、统一的"[③]，以人民为中心的价值取向和工作导向，体现出马克思主义政党的理想和目标。其三，坚持人民利益至上的价值标

---

① 习近平. 习近平谈治国理政：第三卷 [M]. 北京：外文出版社，2020：138.
② 习近平. 习近平谈治国理政：第三卷 [M]. 北京：外文出版社，2020：135.
③ 习近平. 习近平谈治国理政 [M]. 北京：外文出版社，2014：154.

准。习近平新时代中国特色社会主义思想坚持始终维护人民的根本利益和诉求，力求做到一切为了人民，为了一切人民，为了人民的一切，在各项工作中始终把人民利益放在第一位。其四，坚持人民美好生活的价值目标。习近平总书记多次强调，人民对美好生活的向往，就是我们的奋斗目标。满足人民对美好生活的向往，既体现出中国共产党所坚守的初心和使命，也体现出社会主义共同富裕、实现人的自由而全面发展的目标和原则，要实现这个目标就需要着力解决发展不平衡、不充分的问题，提高发展的质量和效益，从而满足人民群众在经济、政治、文化、社会、生态文明等各方面日益增长的需要，从根本上提升人民群众的获得感、幸福感、安全感。

人民性是习近平新时代中国特色社会主义思想的鲜明底色，以人民为中心既是党的全部工作的价值取向，也是社会发展的实践要求。以人民为中心就是要充分发挥人民群众的主体作用，始终保持与人民群众的密切联系，努力满足人民群众的合理利益诉求，使新时代成为党领导全国各族人民共同奋斗、逐步实现共同富裕、不断创造美好生活的时代。

（四）开放性：面向实践、世界和未来的理论

开放性是任何一个理论体系保持自身的生命力、在实践中不断丰富发展所必须具备的内在特质。理论的开放性是指一种理论体系在坚持基本原则和方法、继承既有基础和成果的基础上，在不断总结自身的历史和实践经验的同时，也注重不断吸收借鉴其他文明的先进思想，不断从世界各国家各民族的发展道路和模式中学习有用的经验理念。习近平新时代中国特色社会主义思想是一个开放性的理论体系，它以马克思主义为基本指导，同时又对最新实践、历史经验和世界文明开放，从现实的新理论、新发现中不断汲取营养，丰富自身的内涵，从而使其成为一个

具有包容性、成长性的理论，不陷于停滞和僵化，始终保持对社会现实的解释力、指导力和预见力。

习近平新时代中国特色社会主义思想的开放性特征体现在内外的多个层面：

第一，立足历史经验，面向改革开放和社会主义现代化建设的实践开放。"马克思主义必定随着时代、实践和科学的发展而不断发展，不可能一成不变，社会主义从来都是在开拓中前进的。"① 对社会主义实践的认识、总结、再认识、再总结，构成马克思主义理论的发展史。习近平新时代中国特色社会主义思想作为马克思主义的最新时代成果，根植于世界社会主义运动的历史和中国的革命、建设实践，是通过对改革开放和现代化建设的最新问题、最新经验进行总结、思考而不断深化发展而来的。

第二，立足民族文化，面向世界的先进文明开放。从形成过程、理论来源、话语表述等方面来看，习近平新时代中国特色社会主义思想立足于中华优秀传统文化的基本精神、思想文化、道德伦理、思维方式，并赋予其新的时代内容，显现出鲜明的民族性特征。同时又面对世界各国各民族的先进理论经验和优秀文化成果进行开放，在尊重差异、批判分析的基础上积极向其他文明借鉴学习，其思想又内含着对把握世界发展趋势、解决世界性难题、推动对外开放合作的具体性思考，体现出宽阔的国内外视野。

第三，立足时代现实，面向未来的发展开放。习近平新时代中国特色社会主义思想兼具现实和未来两个维度，在把握时代本质和回答重大现实问题的同时，也对未来的发展做出了前瞻和规划。例如，在经济社

---

① 习近平. 习近平谈治国理政 [M]. 北京：外文出版社，2014：23.

会发展中着重强调生态文明建设，把绿色发展的理念融入各项工作，力求构建人与自然和谐相处的局面，实现永续发展；在现代化的长期发展目标上，做出新的"两步走"战略安排，为建成社会主义现代化强国指明了未来的路径和方向；在社会生产力方面，提出建设现代化经济体系，为推动经济转型、实现高质量发展奠定坚实的基础等。

开放性是习近平新时代中国特色社会主义思想保持与时俱进的内在保证，体现出其理论的自信性、包容性和能动创造性，表明其理论体系是民族性和世界性、特殊性和普遍性的统一。

二、习近平新时代中国特色社会主义思想的时代特征

"哲学正在世界化，而世界正在哲学化"①，时代给理论以印记，理论又在回答和改变着时代。恩格斯曾指出："每一个时代的理论思维，包括我们这个时代的理论思维，都是一种历史的产物，它在不同的时代具有完全不同的形式，同时具有完全不同的内容。"习近平新时代中国特色社会主义思想是在中国特色社会主义进入新时代、科学社会主义迈向新阶段、世界发展经历新变局、中国共产党面临执政新考验的时代条件中逐步形成和发展完善的，科学地回答了新时代如何坚持和发展中国特色社会主义的一系列重大现实问题，提供了正确的指引，具有鲜明的时代特征，体现为革命性、实践性和发展性的统一。

（一）革命性：理论和实践的不断创新

革命性是马克思主义自创立之日起的基本特质，是区别于资产阶级

---

① 马克思，恩格斯. 马克思恩格斯全集：第1卷［M］. 中共中央马克思恩格斯列宁斯大林著作编译局，译. 北京：人民出版社，1995：215.

理论学说的明显标志,也是马克思主义政党的本质属性,体现为对既往社会理论和社会实践的双重批判与超越。从内容体系和实际工作来看,习近平新时代中国特色社会主义思想具有明显的革命性特征:在理论上,实现了对马克思主义的创新和突破,依据时代变化,创造性地提出了关于新的历史方位、新时代社会主要矛盾变化、新发展理念、生态文明建设、"四个全面"战略布局等一系列新理念、新思想、新战略,极大地丰富和发展了中国特色社会主义理论,取得了重大的理论创新成果;在实践上,强调以党的自我革命来推动社会伟大革命,深入推进全面深化改革,为促进马克思主义政党的建设和发展、社会的持续前进提供了动力和保障。

理论的革命性体现为对社会实践的先导作用。党的十八大以来,以习近平同志为核心的党中央对党和国家的各项事业所面临的总体战略布局、思维理念引导、内外发展条件、体制机制保障等问题做出了前瞻性的思考,一系列创新性的指导思想、治理方式和规章制度的确立,为推动社会的历史性变革创造了条件。例如,在发展理念上强调创新、协调、绿色、开放、共享,有助于更好地应对经济"新常态",改变发展方式粗放的状况,促进发展质量和效益的提升;在社会主义建设的布局上,统筹推进"四个全面"战略布局和"五位一体"总体布局,创造性地把全面建成小康社会的奋斗目标、全面深化改革的发展动力、全面依法治国的基本前提、全面从严治党的政治保障与社会经济、政治、文化、社会、生态文明建设等各项事业的全方位发展有机地结合起来,对中国社会发展的新布局进行了科学引导,使之更加全面、高效和协调。

实践的革命性体现为对内进行党的自我革命,对外推动社会的伟大革命。"办好中国的事情，关键在党，关键在党要管党、全面从严治党。"① 在新的历史条件下，进行社会革命面对着更加广泛的行动领域、日益复杂的利益格局和更为尖锐的矛盾问题。坚持全面从严治党、推动党的自我革命是推进伟大社会革命的前提保障和现实需要。党的十八大以来，以习近平同志为核心的党中央坚持和加强党的全面领导，以党的政治建设为统领，深入推进开展各项建设，持续推动反腐败斗争，从而更好地发挥党总揽全局、协调各方的领导核心作用，为社会革命提供有力的政治保障和组织基础。新时代的社会革命是对现实问题的积极回应，目的是推动中国特色社会主义的自我完善和发展，不断解放和发展社会生产力，使人民享有更多改革成果。协同推进党的自我革命和社会伟大革命这两大革命，是科学社会主义的基本要求，也有利于二者在实践中相互协调、相互促进，在提高党的领导能力和执政能力的同时，推动全方位、全过程的社会革命取得历史性成就。

（二）实践性：新思想产生于新时代的新实践

马克思在《关于费尔巴哈的提纲》中指出："全部社会生活在本质上是实践的。凡是把理论引向神秘主义的神秘东西，都能在人的实践中以及对这种实践的理解中得到合理的解决。"② 实践是马克思主义的基本观点，是指导人们科学认识世界和改造世界的出发点。习近平新时代中国特色社会主义思想作为21世纪的马克思主义，其思想的实践性体现为植根于坚持和发展中国特色社会主义的伟大实践，反映人民意旨，在实践中产生、发展和完善，并在实践中确证自身的现实性和本质

---

① 习近平. 关于《关于新形势下党内政治生活的若干准则》和《中国共产党党内监督条例》的说明 [N]. 人民日报, 2016-11-03 (01).
② 马克思, 恩格斯. 马克思恩格斯文集：第一卷 [M]. 中共中央马克思恩格斯列宁斯大林著作编译局, 译. 北京：人民出版社, 2009：501.

力量。

习近平新时代中国特色社会主义思想的实践性特征体现在以下三方面：

一是坚持实事求是、一切从实际出发、理论联系实际的路线和原则。"实事求是，是马克思主义的根本观点，是中国共产党人认识世界、改造世界的根本要求，是我们党的基本思想方法、工作方法、领导方法。不论过去、现在和将来，我们都要坚持一切从实际出发，理论联系实际，在实践中检验真理和发展真理。"① 坚持实事求是，一切从实际出发，就是要立足于社会主义初级阶段这个基本国情和最大实际，对当前中国所处的历史方位有正确认识，对现代化建设事业所面临的困难和挑战有清醒认知，客观分析和把握当代中国社会的发展规律，根据实际状况和需要来深化社会改革、制订发展规划，从而把社会主义建设推向前进；坚持理论联系实际，就是要把科学的理论转化为发展的强大物质力量，用发展着的理论指导不断发展着的实践，又以新的实践促进理论的不断完善。

二是坚持历史思维，以历史的客观性、规律性作为实践的指导原则和评判标准。"世界的今天是从世界的昨天发展而来的。今天世界遇到的很多事情可以在历史上找到影子，历史上发生的很多事情也可以作为今天的镜鉴。重视历史、研究历史、借鉴历史，可以给人类带来很多了解昨天、把握今天、开创明天的智慧。"② 如果缺乏对历史事实和客观规律的认真研究，就无法对我们当前所处的时代作出准确把握，更无法对未来做出科学的规划。重视对社会主义建设经验教训的总结，坚持以

---

① 习近平. 习近平谈治国理政［M］. 北京：外文出版社，2014：25.
② 习近平致信祝贺第二十二届国际历史科学大会开幕［N］. 人民日报，2015-08-24（01）.

历史眼光看待中西方社会的发展，是习近平新时代中国特色社会主义思想能够正确认识总结历史方位、历史使命、历史主体的关键所在，是推动新时代社会实践稳步推进的思想准备。

三是坚持真抓实干的精神，坚持求真务实的作风，通过实干把握发展机遇，推动发展。习近平强调："求真务实、真抓实干，才能真正干出有益于党和人民事业发展的实事，真正建立经得起历史检验的实绩。"① 习近平所倡导的实干精神是中国改革开放精神的生动体现，改革开放以来正是国人充分发挥实干精神，艰苦奋斗，才为当前的发展打下良好的经济和社会基础；实干精神是中国共产党实现自身历史使命的现实要求，只有广大党员干部真正脚踏实地、敢于担当责任、善于解决问题，才能使工作经得住实践、人民、历史的检验；实干精神是实现中华民族伟大复兴中国梦的必要保证，实现伟大梦想的主体是人民，只有每个人付出艰辛努力，才能形成合力，才能出实效、促实绩，将复兴蓝图绘制到底，以实干托起中国梦。

（三）发展性：坚持问题和目标导向，不断与时俱进

恩格斯在给他人的书信中曾指出："我们的理论是发展着的理论，而不是必须背得烂熟并机械地加以重复的教条。"② 社会理论不是一成不变的公式和定理，其生命力在于不断地创新和发展。在建设中国特色社会主义的过程中，要始终"坚持用马克思主义观察时代、解读时代、引领时代，用鲜活丰富的当代中国实践来推动马克思主义发展"③。习近平新时代中国特色社会主义思想是一个发展着的理论体系，是不断根

---

① 习近平. 之江新语［M］. 杭州：浙江人民出版社，2007：240.
② 马克思，恩格斯. 马克思恩格斯文集：第十卷［M］. 中共中央马克思恩格斯列宁斯大林著作编译局，译. 北京：人民出版社，2009：562.
③ 习近平. 习近平谈治国理政：第三卷［M］. 北京：外文出版社，2020：76.

据社会现实情况的变化所做出的科学判断和结论,反映了时代发展的要求和人民群众的心愿,具有与时俱进、不断创新的理论品质。

"理论创新只能从问题开始。从某种意义上说,理论创新的过程就是发现问题、筛选问题、研究问题、解决问题的过程。"① 坚持以现实问题和发展目标为导向,注重以重大理论问题和现实问题的分析解决来推进理论的创新与实践的发展,是习近平新时代中国特色社会主义思想的重要方法论原则。"问题是时代的格言,是表现时代自己内心状态的最实际的呼声。"② 问题的出现是理论创新的起点,解决问题以实现发展为目的。面对世界经济复苏乏力、冲突和动荡频发、各类全球性问题加剧的外部环境,面对我国经济发展进入新常态等一系列深刻的社会变化,以习近平同志为核心的党中央对现实形势进行及时科学的研判,给出了具体可行的实践解决方案,同时也使中国特色社会主义理论体系得到不断的丰富和发展。例如,近年来我国经济从高速增长期进入转变发展方式、优化经济结构、转换增长动力的攻关期,处于需要提高经济发展质量和效益的关键时期,面对经济发展新常态,党中央提出了建设现代化经济体系的战略目标,以深化供给侧结构性改革作为主攻方向,把创新驱动作为经济发展的重要动力,把区域协调发展和乡村振兴作为优化经济空间布局结构的基本支撑,以完善社会主义市场经济体制作为制度保障,把建设全面的开放体系作为重要途径。现代化经济体系的相关理论和实践,是中国经济社会平稳健康发展的重要保证,也体现出以习近平同志为核心的党中央把有关经济建设和发展的理念上升到科学理论的高度,成为马克思主义政治经济学在当代中国的创新发展。

---

① 习近平.在哲学社会科学工作座谈会上的讲话[N].人民日报,2016-05-19(01).
② 马克思,恩格斯.马克思恩格斯全集:第1卷[M].中共中央马克思恩格斯列宁斯大林著作编译局,译.北京:人民出版社,1995:203.

习近平新时代中国特色社会主义思想与马克思列宁主义、毛泽东思想、中国特色社会主义理论一脉相承，同时又与时俱进，是在新时代发展的新实践中所进行的理论探索和思想创新，是紧密结合时代条件和实践要求对社会发展规律所做出的科学认识，是一个不断更新、发展着的理论体系。

结　语

习近平新时代中国特色社会主义思想是一个科学的理论体系，具有整体性、科学性、人民性、开放性等方面的理论特质，这些特质在当代中国改革发展中表现为革命性、实践性、发展性等时代特征，正确认识和把握这一思想的本质属性，有利于我们更好地理解其理论内涵、精神实质和实践要求，以此为思想指导和行动指南，进一步凝聚力量、明确方向，开创新时代中国特色社会主义事业的新局面。

参考文献

[1] 马克思, 恩格斯. 马克思恩格斯全集：第一卷 [M]. 中共中央马克思恩格斯列宁斯大林著作编译局, 译. 北京：人民出版社, 1995.

[2] 马克思, 恩格斯. 马克思恩格斯文集：第一卷 [M]. 中共中央马克思恩格斯列宁斯大林著作编译局, 译. 北京：人民出版社, 2009.

[3] 马克思, 恩格斯. 马克思恩格斯文集：第十卷 [M]. 中共中央马克思恩格斯列宁斯大林著作编译局, 译. 北京：人民出版社, 2009.

[4] 毛泽东. 毛泽东选集：第一卷 [M]. 北京：人民出版社，1991.

[5] 习近平. 习近平谈治国理政 [M]. 北京：外文出版社，2014.

[6] 习近平. 习近平谈治国理政：第三卷 [M]. 北京：外文出版社，2020.

[7] 中共中央文献研究室. 习近平关于全面从严治党论述摘编 [M]. 北京：中央文献出版社，2016.

[8] 习近平. 在纪念马克思诞辰 200 周年大会上的讲话 [M]. 北京：人民出版社，2018.

[9] 习近平. 决胜全面建成小康社会 夺取新时代中国特色社会主义伟大胜利：在中国共产党第十九次全国代表大会上的报告 [M]. 北京：人民出版社，2017.

[10] 习近平. 之江新语 [M]. 杭州：浙江人民出版社，2007.

[11] 黑格尔. 小逻辑 [M]. 贺麟，译. 北京：商务印书馆，2009.

[12] 习近平. 在哲学社会科学工作座谈会上的讲话 [N]. 人民日报，2016-05-19（01）.

[13] 习近平. 关于《关于新形势下党内政治生活的若干准则》和《中国共产党党内监督条例》的说明 [N]. 人民日报，2016-11-03（01）.

[14] 习近平致信祝贺第二十二届国际历史科学大会开幕 [N]. 人民日报，2015-08-24（01）.

阅读推广中的文创道具应用实践探索与思考
——以北京师范大学图书馆为例

于 静　孙媛媛　弓建华　张 珅

（北京师范大学图书馆，100875）

摘要：国内图书馆界阅读推广服务在如火如荼地开展，而图书馆界的文化创意产品开发相对薄弱，且将二者融合发展的理论研究与实践探索则更是凤毛麟角。本文介绍了北京师范大学图书馆在传统文化传播、经典阅读推广以及其他阅读推广活动中的文创道具应用与实践，总结了阅读推广服务与文创道具或产品融合发展的优势，并提出了阅读推广中文创产品开发与应用策略，以期与同行进行交流。

关键词：图书馆；阅读推广；文化创意产品；文创道具

当下，我国图书馆界正在如火如荼地开展阅读推广活动，各图书馆非常注重活动的创意性、系列化、品牌化和立体化，这样才能大大提高读者的阅读兴趣，优化读者的阅读体验，取得更好的推广效果。与此同时，图书馆，特别是公共图书馆界积极响应国家的号召积极推动文化创意产品研发和推广工作，但只有少数公共图书馆具有较为系统的文创产品意识。图书馆的文创产品开发处于萌芽状态，以文创产品为载体进行阅读推广这一创新形式也尚未引起重视。

北京师范大学图书馆在阅读推广实践中，将文创产品的理念、设计、制作、应用等方法引入阅读推广活动中，在阅读推广活动中设计和开发不同主题、不同形式的文创道具。之所以使用"文创道具"或"文创成果"而未用"文创产品"的表述方式，是由于本馆推出的文化创意成果并未开展售卖推广，且有的仅为一次阅读推广活动所应用，不具有消费性。这些文化创意道具不仅创新了阅读推广的服务模式，而且延伸了阅读推广的内容，提升了阅读推广活动的影响力。在此，与同行分享。

一、阅读护照与阅读活动印章

（一）创意来源

阅读护照与活动印章的创意来自馆员们的一场头脑风暴。讨论会上，馆员们在探讨如何既能让大学生更加积极地参与读书活动，又能使大学生对所参与的读书活动留下一些足迹与记忆的话题。馆员们从"活动积分卡"的创意联想到"护照"，大学生的读书生活就像一场旅行，于是"阅读护照"的创意诞生了。为了使阅读护照更加有吸引力和纪念意义，馆员们为每个阅读品牌活动设计了专门的活动印章，如专家讲座、BNU朗读者、"新生季"主题活动、"毕业季"主题活动、传统文化体验阅读学堂、"作者书语"读书沙龙等。"阅读活动印章"的创意来自图书馆的藏书章，大学生每参与一项读书活动，即可搜集一枚活动印章。每集齐一枚印章，可以免费领取一本人文社科类图书。图书馆每年会回收阅读护照，通过集章的数量评选"阅读活动读者之星"。毕业生可以将阅读护照作为自己大学读书生活的纪念与记忆。

（二）设计内涵

阅读护照共12页，采用了北京师范大学图书馆主页的主色调"学术绿",沉稳、大气又不失活力。封面上设计有"阅读护照"中英文对照文字以及北京师范大学图书馆LOGO,扉页内容是一段阅读导语以及图书馆的馆训,读者信息页是仿照护照个人信息页的形式,设计了读者姓名、性别、护照号(校园卡号)、签发日期等信息,空白内页用于搜集阅读活动印章,封底里页注明了"阅读护照"的使用说明,即参加阅读活动搜集印章的规则。

图1 阅读护照(封面、导语页、读者信息页、空白内页、使用说明页)

目前,北京师范大学图书馆共设计了8款主题活动的印章,分别是主题书展、专家讲座、享读时光·BNU朗读者、木铎记忆·毕业季、Welcome·新生季、信息素养修炼、"作者书语"读书沙龙、传统文化体验阅读学堂(按下图从左向右、从上至下的顺序)。这些阅读活动印章的图案、形状和字体设计根据阅读活动的特点而不同,比如,"木铎记忆·毕业季"活动印章使用了学士帽毕业元素,印章设计为圆形,意寓毕业圆满又轻松活泼;"传统文化体验阅读学堂"活动印章采用了篆书字体,印章设计为正方形,以彰显活动深厚的文化底蕴。

(三)应用效果

2017年"世界读书日"期间,阅读护照与活动印章文创道具和"品味经典·沐浴书香"主题活动同步推出,立刻引起了大学生们的关注,大学生们纷纷领取护照参与系列活动搜集印章,读书活动期间就有4000余册护照被领取。

图 2　阅读活动印章

1. 阅读护照激发了大学生读书生活的情感共鸣

阅读护照不仅仅是一本参与阅读活动的记录手册，除了可以集章换书以及评选"读者之星"之外，它的使用贯穿了大学生的整个大学生活，是大学生对自己大学成长过程的记录，是一份值得珍藏的回忆。

2. 阅读活动印章强化了图书馆阅读活动的品牌形象

阅读活动印章是一种标识，将图书馆阅读活动品牌通过文字、艺术与篆刻的形式固化下来，给大学生留下深刻的印象。阅读活动印章也体现了图书馆鼓励大学生热爱读书的一种纯朴和真诚的动机。

3. 阅读护照与阅读活动印章文创将图书馆跨部门的资源与服务联结起来

大学生每搜集一个印章所领取的图书来自图书馆采编部门接收的捐赠图书入馆藏后剩余的复本，"集章换书"活动让剩余赠书有了更有意义的归宿。此外，阅读护照和阅读活动印章文创也用于图书馆信息素养培训讲座等其他服务中。

目前，阅读护照已成为北京师范大学图书馆开展的"新生季""世界读书日""毕业季""讲座沙龙"等阅读活动中使用最频繁、最受欢迎的文创成果,大学生们从入学开始人手必备。

二、二十四节气明信片

2016年11月30日,中国二十四节气被正式列入联合国教科文组织人类非物质文化遗产代表作名录。为了推进二十四节气这项富有深厚底蕴的传统文化在高校大学生群体中传播,提高大学生文化自信与民族认同感,北京师范大学图书馆在2017年全年开展了"二十四节气"主题阅读推广活动。

(一) 创意来源

"二十四节气"阅读推广活动持续全年,活动采用线上线下相结合的形式,在图书馆微信公众号上设立了"岁时民俗·节气"专栏,年终时在线下举办"读懂时间·二十四节气之美"体验活动。在每个节气的微信推文中,图书馆向大学生推送该节气的物候特点、民俗文化、与该节气相关的中国古诗词、相关的节气图书、民俗图书、文学图书及艺术图书等内容,在微信中设立"今日话题"板块,邀请大学生分享自己家乡的节气民俗,与大学生进行线上互动。此外,图书馆还在线向大学生征集与节气相关的朗读作品、摄影作品以及文学原创作品。二十四节气微信专栏一经推出,立即就吸引了大学生的广泛关注,图书馆也陆续征集到了不少朗读作品、绘画作品、摄影作品和文学创作作品。在举办线下年终回顾活动策划时,馆员们策划用明信片的形式将二十四节气线上与线下活动相统一,将这些精美的作品更好地呈现给读者,也为大学生提供展示才华与风采的舞台,二十四节气明信片的创意由此产生。

(二) 设计内涵

二十四节气明信片一套共设计有 24 张，明信片正面的主体内容是表现北京师范大学各个节气时的校园景致画作。在征集到的摄影作品中，我们选择了一组别具一格的记录北师大校园景致的照片，邀请美术专业的大学生依据摄影作品并结合校园的实景采用油画、中国画、水彩画的方式对二十四个节气时校园的景致进行描绘。明信片上画作下方的文字内容来自大学生将二十四节气的节令特点与学校的人文特色相结合，为每一个节气创作的一句优美的诗句。

明信片的背面粘贴邮票的位置被设计成了每个节气的二维码，二维码由图书馆在微信公众号上开设的线上读书专栏的 24 期推文生成。每期推文中嵌入了征集的"节气读诗"朗读作品。在每个节气当天，图书馆通过微信公众号发布和展示朗读者的声音以及他们的个人介绍与阅读主张。《春之怀古》《夏》《故都的秋》《济南的冬天》等著名作家的

图3 北师大"二十四节气"校园景致手绘明信片

文学作品被大学生朗读，优美的背景音乐配上朗读者声情并茂的朗读，不仅能够激发朗读者自身对二十四节气中国传统文化的认同，更能引起其他读者的共鸣。

表1 "二十四节气"原创诗句

节气	原创诗句	节气	原创诗句
惊蛰	春雨催花，风摇紫藤轻。	白露	朱华零落，远山黛青芸黄。
春分	孤灯三两盏，夜风遁入春色里。	秋分	天清林叶黄，教八楼前霭苍苍。
清明	槐絮漠漠，蔽了月明天清。	寒露	寒露惊秋，暮看芫草渐黄。
谷雨	楼前烟雨时，浓淡牡丹映日光。	霜降	疏林霜斜，斑驳日晷流光。
立夏	连翘数枝，暗香浮动黄昏月。	立冬	静寂啊，朔风渺渺负霜雪。
小满	风入藤萝架，树下落槐香。	小雪	对雪忧人间，我酒浊饭淡。
芒种	炎炎夏日，薰风声喧。	大雪	雪落枯枝，暗处鸦声喧。
夏至	叶下空鸣蝉，天高云低不见心。	冬至	碧海青田，白雪皎皎落无声。
小暑	新叶滴翠，林密知夏深。	小寒	无色雪声里，木铎青松子立。
大暑	暑气盛隆，燃尽云松顶。	大寒	淡日寒云枯枝老，犹对群书拥敝袍。
立秋	秋高云意远，淡淡起茶烟。	立春	春将归，花在枝头逡巡开。
处暑	一叶荷尾，散落青泷波心。	雨水	微雨时节草芳径，曦园绿波翠。

（三）应用效果

2017年在"读懂时间·二十四节气之美"年终线下回顾活动中，图书馆推出了大学生自己创作的这套手绘明信片。二十四节气明信片用于鼓励大学生参与阅读活动的奖励，每参与一项活动可以免费领取一张明信片，许多大学生通过参加各种阅读活动搜集这套明信片。

1. 二十四节气明信片为大学生提供了展示才华与风采的舞台

二十四节气明信片制作精美，给人以艺术和美的视觉感受。明信片的图案画风清新、画工精湛、画面美好，诗文优美而形象，仿佛把人带入每一个节气的意境之中。大学生的朗读作品、绘画作品、摄影作品和诗文作品巧妙地整合，通过一张张明信片完美呈现出来。

2. 二十四节气明信片体现了大学生对母校浓浓的情意

明信片上的作品是大学生们经历了整个一年的二十四节气而设计完成的。他们走遍校园的每个角落，将校园一年四季的景致记录于相机，描绘于笔下，深情地朗读。2018年毕业季活动中，毕业生们纷纷将明信片珍藏，希望留住对母校的记忆。

3. 二十四节气明信片拓展了节气阅读推广的范围

明信片中小小的二维码浓缩了丰富的文化知识与内容，将对节气的线上推广移至线下，拓展了节气阅读推广的范围。

4. 二十四节气明信片提升了图书馆阅读推广活动的影响力

目前，这套文创成果不仅用于鼓励大学生参与阅读活动，而且被北京师范大学的部分学院选为国际交流、学术研讨会、专家来访的文化礼品。

三、"BNU 朗读者"书签与节庆书签

(一) 创意来源

"BNU 朗读者"活动是北京师范大学图书馆于 2017 年年初打造的经典阅读品牌活动,活动旨在鼓励大学生通过朗读的形式阅读经典图书。活动采取线上线下相结合的方式开展,线上向校内师生征集朗读经典作品的音频,对优秀的朗读作品在图书馆微信公众号平台每周末发布;线下对所有作品邀请专家进行评奖,并邀请获奖大学生在大型读书朗诵会上进行展演。活动开展两年以来,征集了几百件作品,并发布近百件优秀朗读作品。2018 年年初,为了鼓励更多的大学生读经典、诵经典,图书馆在"BNU 朗读者第二季征集令"中提出了为每位优秀的 BNU 朗读者制作一张个人"有声书签"的创意,"BNU 朗读者"书签的设计与制作被提上了日程。

"岁时民俗·节庆"是北京师范大学图书馆于 2018 年全年推出的线上传统文化主题专栏。节庆专栏继承了 2017 年推出的"二十四节气"专栏的模式,在线推送节庆知识、节庆读诗作品、节庆图书、节庆艺术作品以及今日话题等内容。为了将节庆知识在线下进行广泛的传播,馆员们确定了制作一套节庆书签的创意,与 BNU 朗读者书签同步推进。

(二) 设计内涵

BNU 朗读者书签一套共有 10 张,精选推荐 60 本经典图书和 60 件优秀朗读作品。书签由有特长的大学生手绘创作,设计者选择了在北京师范大学校园不同季节特有的花、草、树、木作为主要设计元素,如四月的郁金香、五月的玉兰花、十月的银杏树叶等,同时书签正面还有统

一的"BNU 朗读者"的活动标识。书签的背面是每位朗读者朗读作品的出处，包括书封图片、索书号、馆藏地信息，以及每期"BNU 朗读者"微信推文的二维码。

图 4　BNU 朗读者书签

节庆书签一套共有 12 张，每张书签的正面描绘的是一个节庆，它们是春节、元宵节、二月二、清明、端午、六月六、七夕、中元节、中秋节、重阳、腊八和小年。每个节庆选择了该节庆民俗中较有代表意义的元素，如新年的灯笼与爆竹、端午的粽子、中秋的月饼、重阳的菊花等。节庆书签正面也设计有统一的"岁时民俗·节庆"活动标识。节庆书签的背面由相关节庆图书、索书号、馆藏地信息，以及每期节庆微信推文的二维码。

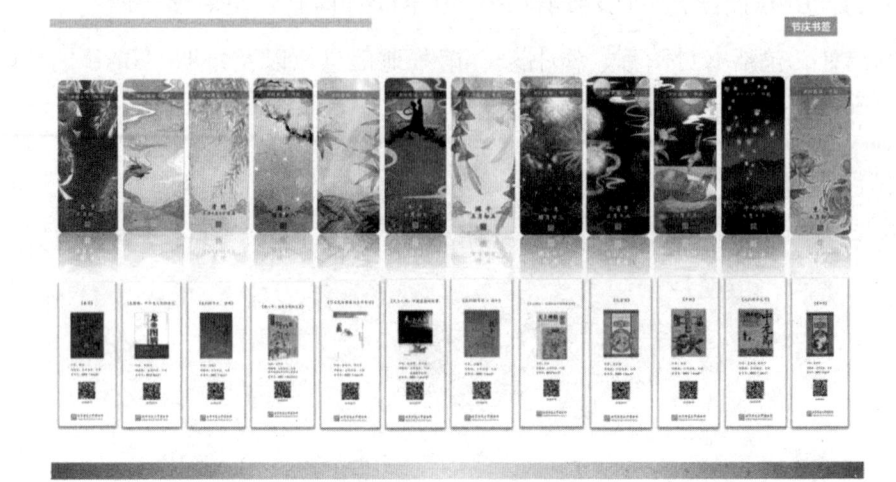

图5　节庆书签

（三）应用效果

2019年学期初，北京师范大学图书馆引进了朗读亭，阅读组将朗读亭与"BNU朗读者"活动相结合，开始了第三季活动的宣传。BNU朗读者书签用于装饰朗读亭，吸引了更多的学生参与"BNU朗读者"活动。节庆年终回顾体验活动于2018年冬至日这天举行，馆员们不仅用节庆书签装点图书馆活动大厅，使得整个大厅充满了节庆年俗的气氛，更在活动中把节庆书签赠送给参加现场体验活动的师生。

1. 书签作为鼓励大学生参与阅读活动的纪念品，增强了大学生与图书馆阅读活动的黏性

获得优秀朗读作品的大学生获赠了印有本人朗读作品的"有声书签"，参与阅读活动的大学生可以通过书签欣赏朗读作品。

2. 书签设计精美、制作精致，加强了阅读活动的宣传效果

BNU朗读者书签画风清新明快，节庆书签画风古朴典雅，是值得

收藏的纪念品。书签与阅读活动同步推出，受到广大师生的欢迎，吸引了更多大学生参与活动搜集整套书签。

3. 书签文创成果对中华优秀传统文化进行更广泛的推广与传播

节庆书签不仅给校园内的师生推荐节庆相关图书，推广节庆相关知识，更有多位参加2018年寒假国际交流项目的师生专门向图书馆申请领取整套节庆书签，用于向国际展示中华优秀传统文化。

四、"毕业季"毕业读书卡与"新生季"读书刮刮乐

（一）创意来源

每年的毕业季，大学校园里充满了离别的伤感与对母校依依不舍的情怀，图书馆也是大学生最难忘的地方。很多毕业生在离开母校前来到图书馆拍照留念，对曾经为他们服务过的馆员表达感谢之意。离别之际，大学生都会提到毕业后很难再有机会像在大学里一样，每日在图书馆里坐拥书城，遨游于资源的海洋中，这几乎成了所有毕业生的遗憾。2017年毕业季，为了让毕业生们走向社会后也能方便地获取到读书资源，图书馆与中文在线数据库联合推出"木铎记忆"毕业读书卡。2018年毕业季，图书馆又联合超星汇雅推出"移动知识空间读书卡"。

2018年"毕业季"，"写下最爱的心上书"是图书馆推出的主要活动。图书馆在活动大厅设计毕业季主题背景板，请毕业生用"心上书"便签写下大学期间读过的对自己影响最深或最喜欢的一本书，并写下推荐理由。短短几天时间，主题背板上便贴满了层层叠叠的彩色书形便签。千余份"最爱的心上书"推荐，涉及政治、哲学、文学、物理、数学等各个学科领域。毕业生以饱含情感的留言推荐，向全校师生展示

他们的读书故事，传递他们的阅读心得。为了让这些"心上书"、读书故事与阅读心得发挥更大的价值，馆员们对毕业生的推荐书单进行整理，计划在新生季期间向全校师生发布。为了激发新生的阅读兴趣，馆员们以"读书刮刮乐"卡片的形式向新生推广。

（二）设计内涵

"木铎记忆"毕业读书卡正面的元素有：卡片名称、象征北京师范大学的"木铎"雕塑图案、代表毕业留念的"木铎记忆"印章、北京师范大学图书馆LOGO。卡片正面以蓝绿色星空为背景，星空寓意知识的浩瀚无垠；星空笼罩一排朦胧而高耸的"图书"，仿佛一座座矗立于星空下的高楼大厦，"图书大厦"寓意知识的力量；近处一本翻开的图书衬托着卡的账号与密码锁涂层，寓意打开知识的宝库。卡片背面是读书卡使用说明文字及中文在线数据库登录二维码。

图6 "毕业季"木铎记忆毕业读书卡

"移动知识空间读书卡"正面的设计元素包括：卡片名称、北师大"木铎"示意图案、北京师范大学图书馆LOGO、超星学习通平台App二维码。卡片风格整体是一幅以淡绿为主色调的水墨山水图，并以毕业季时节的代表植物——荷花作为点缀。卡片背面是以北京师范大学LOGO底图衬托的使用说明文字。

图7 "毕业季"移动知识空间读书卡

"读书刮刮乐"卡片的设计以红色为主色调，代表了新生的热情与朝气蓬勃，卡片正面包括卡片名称、乘书飞翔的卡通形象、北京师范大学图书馆LOGO、图书信息。其中，图书信息包括书名、作者和索书号。卡片背面是超星学习通平台使用说明。

图8 "新生季"读书刮刮乐

"读书刮刮乐"卡片与整个"新生季"活动配套使用，新生关注图书馆微信公众号可以随机获得一张卡片。刮开卡片涂层的"有缘书"，可以在实体书展现场借阅。为了更好地推广这些"心上书"，图书馆还利用超星学习通，制作"读书刮刮乐"专题。在专题中，展示每本图书的书名、作者、出版社、ISBN号、索书号、馆藏地、推荐理由、图书封面、图书电子版全文等信息，方便读者了解和阅读推荐图书。大学生们也可以通过卡片背面的使用说明，下载使用超星学习通平台，阅读这些推荐书的电子书。此外，馆员们还在卡片涂层下埋入了一些"小惊喜"，包括笔记本、笔袋、便签贴、卡套等文创纪念品。

（三）应用效果

毕业读书卡是图书馆为毕业生送上的一份毕业礼物，将大学图书馆的阅读推广服务延伸至校园之外，扩大了图书馆阅读推广服务的影响。2017年、2018年两个"毕业季"，图书馆向毕业生赠送了8000张"木铎记忆"毕业读书卡和3000张"移动知识空间"读书卡。

"读书刮刮乐"卡片将图书馆的各项营销活动巧妙地联结，为新生开启大学阅读之旅，并为图书馆的微信公众号成功"吸粉"。2018年9月4日，"新生季"活动开启，4000张"读书刮刮乐"卡片被新生们领取，其中有500名小伙伴收获了惊喜纪念文创产品。一个月的时间里，图书馆微信公众号新增用户4077名；超星学习通平台新增用户千余人，超星学习通总使用量89980人次。

新生季以"读书刮刮乐"卡片结合线下实体书展与线上电子书阅读的形式，形成毕业生与新生之间的"知识接力"，完美地通过"朋辈教育"开展了阅读推广服务。毕业生"最爱的心上书"实体书展展出的505册图书一周内被借出了443册，外借率达88%。

毕业读书卡与"读书刮刮乐卡片"的文创设计与制作也是图书馆与数据库商、平台商合作开展阅读推广活动的成功案例。文创成果既使大学生收获阅读资源与阅读乐趣，又对资源与平台进行了宣传，实现了双赢。

五、阅读推广中的文创实践思考

(一) 图书馆阅读推广服务与文创道具开发融合发展的优势

1. 图书馆文创道具创新了阅读推广服务方式

阅读推广的核心要素是创意，随着时代的发展与阅读方式的变革，阅读推广的方式、方法、途径与载体也需与时俱进，不断创新。图书馆文创道具本身就是一种创意成果，以其创意的设计改变和丰富了图书馆传统服务模式，增强了图书馆和读者之间的互动。优秀的文创道具会提升阅读推广活动的故事性、趣味性与情怀属性，这种创意可以在阅读推广中给读者带来深刻体验。

2. 文创道具拓展了阅读推广的内容，扩大了阅读推广的影响力

图书馆文创道具是将图书馆的文化内涵、先进技术、艺术设计融于一体的创意产品。优秀的文创道具具有强烈的艺术感染力，让人有获取和收藏的愿望，从而将阅读推广的文化内容得以长期保存，对阅读活动的参与者来说也具有重要的纪念意义。网站与新媒体平台成为阅读推广活动内容的主要营销渠道，在图书馆文创道具中应用二维码技术，使得阅读推广内容从线上延展至线下。阅读推广短期活动还可以通过文创道具进行固化，有利于形成阅读推广的长效机制。

3. 文创道具激发了大学生参与阅读推广活动的兴趣，提高了读者参与度

图书馆文创道具作为图书馆文化和精神的一种具象表现形式，应具有培养读者阅读和学习兴趣、激发想象力和创造力，鼓励读者利用图书馆、推动发现馆藏资源和图书馆历史文化等属性。在阅读推广活动中征

集文创成果创意与设计，为大学生提供展示才华的舞台，是引导大学生参与阅读推广活动的一种模式；将优秀的文创道具作为参与阅读活动的一种激励方式，也可以吸引更多用户的参与，达到更好的阅读推广效果，增强图书馆读者黏度。

此外，在阅读推广活动中开发和设计文创道具，则可以拓展文创成果的文化内涵、强化文创成果的品牌形象。将图书馆阅读推广活动与图书馆文创成果开发相结合，可以实现互惠共融，推动二者共同发展。

（二）高校图书馆阅读推广文创成果开发策略

大学图书馆开展阅读推广活动主要是培养大学生的阅读及学习习惯的养成，激发大学生的想象力与创造力，提供创造力发展的机会，提高艺术鉴赏能力。高校图书馆开展的阅读推广活动，其对象主要是大学生，大学生具有年轻、有朝气、创新性强等特点，高校图书馆的阅读推广文创道具的开发除具有一般图书馆文创成果的特点外，还要具有符合高校大学生特点与需求的不同策略。

1. 阅读推广文创应兼具文化内涵与艺术设计感

图书馆文创成果本身就是基于图书馆资源开发，能体现图书馆深厚文化内涵，同时起到传达图书馆教育功能、经营理念及传播图书馆文化作用的创意产品。阅读推广文创道具的文化内涵可以通过图书馆的文化元素来表现，如图书馆LOGO、图书馆建筑和设备、图书馆馆藏、阅读推广活动元素等。只有承载着深厚文化内涵的图书馆文创道具，才能更好地实现高校图书馆的教育及文化传播职能。对于高校大学生来说，其具有一定的艺术鉴赏能力又有提升的潜力。因此，高校图书馆文创道具的设计一定要具有较高的艺术设计感，才能吸引大学生关注文创道具，关注阅读推广活动。

2. 在阅读推广文创中融入情感性与纪念性

阅读推广活动与文创道具都具有承载情感的作用，阅读推广活动的读者会将情感投入活动，从而引导读者参与阅读、热爱阅读。采用情感营销方式，通过色彩、语言、产品形态等方式表达用户思想、态度、愿望、情绪、性格等个性特征，使用户的内心世界能够"投射"至图书馆设计的产品中，满足其心理需求。对大学生读者来说，在阅读推广文创道具中可以融入母校情、师生情、同窗情等情感，设计开展不同的阅读推广活动，引起大学生的情感共鸣。比如，教师节、毕业季、新生季、校庆季等。此外，文创道具也具有纪念意义，在大学生学习生活的一些重要节点，一项让大学生感受深刻的阅读推广活动可以内化为美好记忆，有益于大学生阅读态度的转变、阅读方法的感悟以及阅读习惯的养成。

3. 注意将阅读推广文创的实用性与趣味性相结合

针对大学生的阅读推广文创道具设计造型可以直接使用图书馆元素开发成书签、便签、文具、明信片、文件夹等各类学习用具，通过产品不断加强阅读和学习的宣传。将经典图书、文化与历史图书、名人传记等图书信息、馆藏信息、名言警句、文学典故等文本或二维码技术融入文创道具当中，还可以支持大学生随时随地的学习和碎片化阅读。大学生好奇心强、创造力强，在阅读推广活动中设计一些体验环节，在体验中感悟和学习文化知识。在将游戏融入文创道具时，趣味性会大大激发大学生的阅读兴趣，在玩中学。但值得注意的是，文创道具的趣味性要避免娱乐化。

4. 阅读推广文创道具的推广方式与成本控制

对于高校图书馆阅读推广文创道具来说，其承载的教育与文化传播作用要大于其经济效益，更多的是用于鼓励阅读、激励阅读和奖励阅读。因此，高校图书馆的阅读推广文创道具一般是赠送给大学生，记录大学生的读书生活，或鼓励大学生通过参与阅读活动搜集这些文创道具。在赠送过程中，扩大阅读推广活动的凝聚力和影响力。此外，高校图书馆所面向的大学生读者受众较广，不易设计制作成本较高的文创道具。同时，应努力挖掘大学生中有特长的学生，请他们参与图书馆阅读推广活动策划，也参与文创道具的设计制作。同时给大学生一定的劳务，尊重大学生的设计版权，要在文创道具中体现。

六、结语

目前，北京师范大学图书馆将文创道具引入阅读推广活动的方法虽然在吸引大学生参与活动、拓展活动内容、提升活动影响力等方面取得了很好的成效也深受大学生的喜爱，但在文创道具开发的种类、可持续的设计与开发能力、更广泛的市场推广等方面存在很大不足，这受高校图书馆阅读推广服务所面对的群体、图书馆的人力与经费投入、文创产品的应用定位等影响。虽然图书馆已经设计并开发了古籍礼品书、文化书签礼盒、笔记本、卡套、U盘、文件夹、水杯等文创产品，但与阅读推广活动推出的阅读护照、明信片、书签等文创道具一样未进入市场销售环节，仅用于激励大学生使用图书馆、参加图书馆阅读活动或举办图书馆会议礼品，以赠送的形式推广。因此，我们也在探索高校图书馆文创产品策划与开发、设计与制作、市场营销、应用推广等全流程的运营方法，以期发挥文创产品更大的文化传播价值并提升经济效益。

参考文献

［1］王新才.大学图书馆阅读推广［M］.北京：朝华出版社，2017.

［2］刘洋."文创产品+阅读推广"：创新图书馆的服务模式［J］.出版广角，2018（14）

［3］莫晓霞.图书馆文化创意产品开发探讨［J］.图书馆建设，2016（10）

［4］张红艳.浅谈图书馆文创与阅读推广［J］.知识经济，2017（16）

［5］张雅琪，柯平.美国图书馆文化创意产品发展现状及启示［J］.图书情报工作，2017，61（22）

［6］国务院办公厅.国务院办公厅转发文化部等部门关于推动文化文物单位文化创意产品开发若干意见的通知［EB/OL］.中国政府网，2016-05-11.

［7］国务院办公厅."全国图书馆文化创意产品开发联盟"在京成立［EB/OL］.中国新闻网，2017-09-12.

挖掘五四资源 传承五四精神 服务立德树人工作
——北京师范大学传承五四精神研究

魏书亮 姜 文 白 媛

北京师范大学档案馆（党史、校史研究室） 100875

摘要：五四运动和五四精神是立德树人的重要资源。北京师范大学（简称"北师大"）是新文化运动的重要活动中心、五四运动的重要策源地、中国妇女解放运动的先锋阵地、国语运动的一个全国中心、最早成立党组织的中国高校之一、五四精神的重要培育基地和早期传播中心，五四运动为北师大植入了爱国进步的红色基因。北京师范大学师生传承优良传统，围绕党和国家不同历史时期的中心任务，在历次青年运动、民族救亡运动中发挥了先锋作用。新时代，北京师范大学应大力挖掘五四资源，传承五四精神，努力打造五四精神的教育基地、红色师范的人文教育基地。

关键词：五四精神；五四资源；红色师范；传承

五四运动是中国近现代史上具有划时代意义的重大事件，五四运动及其体现出的五四精神，不仅是党史教育的重要素材，而且是新时代大学立德树人工作的重要财富。北京师范大学是五四运动的重要参与者，是纪念五四运动、传承五四精神的重要基地。今天，随着对五四运动研究的进一步深化、对五四精神时代价值的不断阐发，我们需要对北京师范大学在五四运动中的作用有一个再认识，需要对新时代北师大人如何发扬五四精神有一个再探讨，推动开展实际的工作来贯彻习近平总书记"加强对五四运动史料和文物收集、整理、保护"的重要指示，在投身实现中华民族伟大复兴的时代潮流中高扬五四精神的伟大旗帜。

一、五四资源——有关北京师范大学的五四史料与五四文物

五四运动是特定时代背景的产物。巴黎和会上中国外交失败的刺激、新文化运动的启蒙作用以及社团组织、报纸杂志的发展，都是重要的条件和诱因。五四运动的爆发又推动中国的政治、文化学术和民众意识呈现全新的面貌，对民族解放事业、国家建设和社会发展产生了全面深远的影响。北师大作为五四运动的参与者、见证者，作为五四纪念的重要倡导者，为后人继承和发扬五四精神留下了丰富资源。

五四名人。在五四运动以及五四前后的新文化运动中，众多的北师大人参与其中并发挥了重要作用，有的还发挥了关键作用。他们是五四精神的塑造者和阐发者，是五四纪念的重要象征，是五四教育的鲜活素材。例如中国共产党的主要创始人之一李大钊，新文化运动的闯将钱玄同，中国文化革命的主将鲁迅，中国第一位女党员缪伯英，点燃五四运动第一把火的匡互生，接受五四运动洗礼、中共陕北地区党组织创始人之一魏野畴，中国工人运动与革命先驱赵世炎，被捕八勇士唐英国、赵允则、薛荣周、初大告、向大光、杨明轩、王德润、陈荩民，工学会发起人之一周予同，以及五四运动的见证者和重要讲述人楚图南等。

品牌资产。基于北京师范大学在五四运动中的突出贡献，以及长期以来通过研究、宣传与教育，在中国近现代史中、在知识界和社会公众的认识中，形成了若干有着北师大标志的五四认知，这对于巩固和提高

北师大的历史地位和办学形象有着不言而喻且能广而告之的影响力，是北京师范大学重要的品牌资产。这些品牌资产有：因与若干大师联系在一起而被誉为新文化运动的重要活动中心，因在五四示威游行中的几个环节起到关键作用而被称道的五四运动的重要策源地，因钱玄同、黎锦熙、陈宝泉等几位先生在中国语言文字改革方面的重要贡献而被誉为的国语运动中心，因"五四"前后男女两高师师生中涌现出的一批现代作家被称为北师大的作家群现象等。这些都是实至名归的。还有要说明的是，这一时期出现的北师大徽识雏形①作为感召社会、教化民众的象征，是对作为启蒙运动的五四价值的一种暗合。

历史遗迹与人文景观。作为新文化运动的重要活动中心、五四运动的重要基地，原北京高等师范学校（以下简称"北高师"）的校园和建筑（如高师校门、学校饭厅、工学会会议场所、风雨操场等，位于南新华街，现在的北京市第二实验小学校址为其中的一部分）、原北京女子高等师范学校（以下简称"女高师"）的校园与建筑（现为北京市鲁迅中学校址），以及北高师附属中学（现为北京师范大学附属中学），其中有着不少历史纪念的价值，是五四运动的重要遗迹。如原女高师校址被列为市文物保护单位；北高师旧址现存的丁字楼、图书馆、宿舍楼等，因具有历史的价值而保存；北师大附中的老校门仍如其旧，保持了民国时期的原貌。这些历史遗迹是五四教育的活化石。中华人民共和国成立以来，北京师范大学重视校园文化景观的建设，以之为载体加强革命传统和大学精神教育。例如，学校1984年建设的五四纪念亭，1992年建设、2004年复建的五四纪念碑，2003年重修的鲁迅像，以及附中校园中的赵世炎像，都是纪念五四运动的重要人文景观。

---

① 见1916年北京高等师范学校出版的《北京高等师范学校校友会杂志》封面。

校史展览与相关的图书、档案。北京师范大学形象陈列馆中有专门的展区和展板对北京师范大学师生的五四运动、五四贡献进行展览。校史研究室的资料室中，有不少关于五四运动的图片和资料，其中比较重要的是五四时期由北高师、女高师所创办的杂志，如《平民教育》《北京高等师范学校周报》《北京女子高等师范学校文艺会刊》等。北京师范大学档案馆中，有两高师的同学录、部分名人档案。北京师范大学图书馆中，更有不少民国时期的教科书、李大钊同志的藏书《九通》（全套）等。这些都是研究与展示五四运动的一手资料。

五四资料的搜集与整理。长期以来，校史研究室重视校史资料的建设。围绕五四运动，此前校史资料室查阅了大量的报刊书籍，有计划地做了不少五四资料的搜集整理工作。访问了一些直接参与五四运动的老校友，这些老校友或口述，或亲自撰写，留下了弥足珍贵的回忆文章，将其编辑整理为《五四运动与北京高师》一书，是研究五四运动不可或缺的资料基础。校史研究室在这个基础上，一年来梳理了近年的研究成果，又补充与整理了一些新的材料（10万余字）。这些都是研究五四、宣传五四、传承五四精神不可多得的资源。当然，这些工作还不够，特别是文物资料少是我校开展五四运动研究的一个弱项，这方面的工作正在加强。

二、五四建构——北京师范大学的五四叙事

关于五四运动，有狭义和广义的解释，狭义的认识限定于1919年5月4日爆发至1919年6月28日中国代表拒绝在巴黎和约上签字这一过程，侧重于爱国反帝的一面。广义的认识则与新文化运动联系为一体，时间上限为1915年，下限为1926年，注重五四运动酝酿的背景条件和影响的全面性和深远性。本文重点侧重于狭义的时间段，但影响分

析取广义的理解。在叙事的主体上，以北师大的视野，梳理北高师、女高师、北高师附中在五四运动中的表现、作用和贡献。

新文化运动的重要阵地。在新文化运动中，北京两高师师生表现突出。自1913年以来一直在北高师任教并在女高师兼课的钱玄同先生是《新青年》的轮值编辑，鲁迅先生一生在两高师的任教时间最长，李大钊先生1919年秋季也开始在两高师任课，被誉为"只手打倒孔家店的老英雄"的吴虞，曾加入"进德会"、担任《国民杂志》编委的陈中凡都曾是北京两高师的教师，他们的思想无疑对两校师生有着重要的影响。新文化运动的领军人物陈独秀、胡适曾多次在两高师演讲，宣讲新文化运动的主张。1919年，蔡元培先生到北高师做《科学之修养》的演说，演说中他专门阐发了北京高师"诚实、勤勉、勇敢、亲爱"校训的科学精神。他说："'诚'字之义，不但不欺人而已，亦必不可为他人所欺。……故欲力行'诚'字，非用科学的方法不可。其次'勤'。凡实验之事，非一次所可了。……反复推寻，不惮周详，可以养成勤劳之习惯。……再次'勇'。……凡作一事，能排万难而达其目的者，皆可谓之勇。……发明新理之时，排去种种之困难阻碍……既发明之后，敢于持论，不惧世俗之非笑。凡此二端，均由科学所养成。最后'爱'。……若科学，则均由实验及推理所得唯一真理，不容以私见变易一切。是故妒忌之技无所施，而爱心容易养成焉。"① 两高师的学生也积极参与到新文化运动中去，如北高师的常乃惪，他的《我之孔道观》就受到陈独秀的赞赏，发表在《新青年》上，两人也就此进行书信来往。周予同先生对此回忆道："在五四前，北京高校里思想最活跃的，当然是北京大学。……依次下来，倘说受民主与科学的新思潮之影响，因而学校

---

① 蔡元培. 科学之修养——在北京高等师范学校修养会演说词[N]. 北京大学日刊, 1919-04-24.

风气开通的程度,我们高师便要算一个了。有些提倡新文化的著名人物,也来高师兼课。我读大学不久,便成为'德赛二先生'的热情拥护者。"当时的北京两高师,处处散发着传播和追求新思想、新知识、新文化的浓厚氛围,整个校园弥散着求新、求进的自由空气。①

五四运动的重要策源地。北高师在这场运动的几个关节点上发挥了关键作用。1919年5月3日,北高师学生在风雨操场上集合,对时局发表意见,讨论对策。5月3日晚上,北高师工学会召集秘密会议。大家认为,5月7日举行国民大会一定会遭到政府的压制,行动应该提前。他们中的大多数"主张采用激烈的手段去对付那几个仰日本鼻息、做国内军阀的走狗,并且惯以构成南北战争以快私意的曹、章、陆"。②匡互生、杨明轩等人星夜到北京大学和陈锡联串联,并到工专找到了夏秀峰,接着到法专去找谢濂。不少同学连夜开始准备标语,对于提前举行抗议行动的建议,几个高校颇有不谋而合者,这在很大程度上促成了5月4日的各校代表会议。5月4日中午,北高师学生由于准备充分,最早到达天安门国民大会会场。游行队伍在东交民巷受到军警以及使馆区卫队、巡捕的阻拦,几经争论都无法通过。北高师工学会的同学们高喊"到赵家楼找曹汝霖去",立即得到热烈的响应。随后发生的匡互生火烧赵家楼、青年学生痛打章宗祥,经多方传诵,已成传奇。女高师的学生也积极参与到五四运动中来。5月7日,女高师发起成立了"北京女学界联合会"。该联合会以"提倡社会服务,发扬爱国精神"为宗旨,发出《告女界学生书》《北京女校致巴黎和会各国代表电》。对于

---

① 北京师范大学校史资料室编.五四运动与北京高师:火烧赵家楼[M].北京:北京师范大学出版社,1984:32.
② 北京师范大学校史资料室编.五四运动与北京高师:五四运动纪实[M].北京:北京师范大学出版社,1984:7.

北京高校学生的政治诉求和行动，各地青年学生纷纷响应，社会各界民众也纷纷给予声援。"北京中等以上学校学生联合会"发动青年学生宣传救国救民的思想，并号召全国民众"提倡国货""抵制日货"。6月3日发生的大逮捕，更激起了广大公众的愤怒。在北京学生的带动下，上海工人举行罢工，高潮时达10万余人，商人也开始罢市，并迅速波及全国20多个省的100多个城市，北洋政府的统治面临失控。6月10日，北洋政府下令撤除曹汝霖、章宗祥、陆宗舆3人的职务。6月28日，在全国的抗议声中，又电令巴黎和会的中国代表拒绝签字。现在看来，如果没有同学们的激烈行动，这场运动很可能不会产生那么大的声响，也很可能得不到那么广泛的响应。应该说，"火烧赵家楼"点燃了反帝爱国运动的第一把火，也引燃了全国民众的怒火。

国语运动的一个全国中心。使用白话文、开展文学革命是新文化运动的重要内容，其背后的基础性工作则为国语运动。它包括注音字母修订、国音标准调整、汉字简化、国语罗马字制定、国语改革成果推广、中国大辞典编纂等工作。北京师范大学是推动这一系列工作的核心高校，北师大的两位先生钱玄同和黎锦熙是全程、全面参与的代表性人物。1916年，"中华民国国语研究会"在北京成立，黎锦熙是发起人之一。1918年，在陈宝泉校长的主持下，教育部国语教科书编辑会议在北高师召开，钱玄同被推选为国语教科书的编辑主任。1919年4月，"教育部国语统一筹备会"成立，黎锦熙是教育部指派会员，钱玄同是教育部直辖学校推选会员，二人均为该筹备会的常驻干事。1923年，钱玄同、黎锦熙与赵元任、刘复、汪怡、林语堂等11人，组织成立"国语罗马字拼音研究委员会"。如钱玄同的文章《中国文字形体变迁新论》（1919）、《汉字改良的第一步——减省笔画》（1920）、《注音字母与现代国音》（1922），黎锦熙所著的《国语学讲义》（1919）、《新著国语文法》（1924），编撰的《国语四千年来变化潮流图》（1926），对于国语运动的开展有着直接的参考价值和推动作用。1918年，北洋政府教育部公布《注音字母表》，1920年颁布《国音字典》，初等小学国文科改国语科，纯用语体文，与北京师范大学的工作有着直接的关系。1928年，数人会研制的《国语罗马字拼音法式》获国民政府大学院的批准。1935年，钱玄同选编的《简体字谱》告成，通过对其择选，教育部公布了第一批"简字表"。黎锦熙主选的"注音汉字"也开始铸模试行。中华人民共和国成立后，中国大辞典编纂处直接附属于北京师范大学，这也是对北师大中国语言文字改革工作所做贡献的肯定。

中国妇女解放运动的先锋。五四运动揭开了中国妇女解放的新纪元，女高师的进步学生站在了这一队伍的前列。1919年5月7日，女高师发起北京女子学校的代表集会，以北京女校全体学生的名义通电巴黎和会，要求"申公权，抑强权"，呼吁中国代表"力争勿签字"。会议还通过《告全国妇女书》，号召妇女界"宜振奋精神起而响应，庶共辅爱国诸君子之进行"[1]，这是中国妇女为国争权的第一声。女高师还倡导成立了"北京女学界联合会"，开展罢课、游行、演讲、慰问被捕学生、抵制日货等活动。1919年年底，北京女学界联合会以女高师为骨干，创办了北京平民女子职业学校，女高师的钱中慧、陶玄、王宗瑶等人为筹备委员。1920年年初，女高师的缪伯英、张人瑞等十几位进步学生响应少年中国学会的倡议，筹建女子工读互助团，开始了妇女争取生活独立、人格解放的初步尝试。1922年7月，女高师进步师生发起组织了女子参政运动，女高师的王孝英被选为"女子参政协进会筹备会"主席。1922年8月，女高师学生周敏、缪伯英等人组织成立"北

---

[1] 中国社会科学院历史研究所第三所近代史资料编辑组编辑.五四爱国运动资料[M].北京：科学出版社，1959：101.

京女权运动同盟会",周敏被推选为会长,在北京女权运动同盟会的推动下,北京女权运动十分活跃,走在了全国妇女争取自身解放的前列。值得一提的是,1919年8月,女高师学生李超因受家庭压榨和逼迫,在贫病交加中离世。新文化运动的领袖和闯将们以其为典型,揭露和鞭挞封建宗法、礼教的残酷和危害。陈独秀、李大钊、蔡元培、胡适、梁漱溟等人都出席了在女高师举行的追悼会,在追悼会上,胡适亲自撰写了《李超传》。这在当时的学界、文化界甚至社会上都产生了巨大的反响,女高师成为北京维护女权、反对封建礼教的活动中心。

北师大是中国最早成立党组织的高校之一。毛泽东主席说,五四运动在思想上和干部上为1921年中国共产党的成立做了准备。北京两高师是李大钊同志曾经任教的地方,是他宣传马克思主义、开展建党活动的一个重要基地。1919年2月,北高师的匡互生、刘薰宇、杨明轩、周为群、周予同等同学,发起成立了同言社,为反对日本帝国主义的侵略,他们探求真理,并谋求救亡图存的行动。受"工读主义思潮"的影响,匡互生、周予同等人于五四运动的前夕,在同言社的基础上成立了工学会。[①] 工学会不仅积极参与五四运动的发动和组织工作,还创办《工学》月刊,提倡"工学结合""工学互需",以及"生活独立与人格完善"。1919年年底成立的北京工读互助团,成立之初即得到了蔡元培、李大钊和陈独秀等人的支持,该组织下设四个组,由女高师学生主导的女子工读互助团为第三组。1919年5月6日成立的"北京中等以上学校学生联合会",主要由北高师和北大学生发起和组成,是北京学生反帝爱国斗争的重要组织和领导力量,是中共早期党员的重要输送渠道。由李大钊亲自参与组织的少年中国学会,北高师附中的赵世炎是其主要负责人,学

---

① 北京师范大学校史资料室编.五四运动与北京高师:工学会简介[M].北京:北京师范大学出版社,1984:319.

会定期召开学术研讨会，研究新思想，传播新文化，组织会员参加进步的社会活动。这些进步社团，大都以救国途径的探索、国民的教育和社会的改造为宗旨，它们的行动既受马克思主义等世界思潮和俄国十月革命等政治运动的影响，也有着青年一代基于对政局动荡、民困国危的不满，而期待民族独立、国家富强所做出的努力和抗争。在李大钊的引导下，女高师的缪伯英不仅最早参加了"北京大学马克思学说研究会"，还加入了社会主义青年团和北京共产党小组，成为我党最早的一位女党员。北高师的魏野畴，1923年入党，李大钊是他的介绍人，后来成为陕西省共产党的创建人和皖北苏维埃的创建人之一。1921年7月，中国共产党第一次全国代表大会召开。同年8月，中共北京地方委员会成立，下设中共北京西城支部和中共北京东城支部两个支部。西城支部以北高师和女高师的党员为主组成，首任书记为缪伯英同志。[①] 1923年，男女高师开始各设支部，北高师（同年升格为北京师范大学）的支部书记先后由许兴凯、黄道、游宇、谢伯俞、原树敏、黄缘芳、李梦龄、高振国、孙秉哲等人担任，女高师（1924年升格为北京女子师范大学）的支部书记先后由缪伯英、赵世兰、彭涟清、谢冰莹、齐淑容等人担任。[②] 1931年两校合并，支部也合二为一。可以说，北京师范大学党组织的建设与发展和党同龄，北师大是中国为数不多的最早成立党组织的高校之一。

三、五四影响——五四运动与北京师范大学的优良传统

五四运动"以磅礴之力鼓动了中国人民和中华民族实现民族复兴

---

① 中共中央组织部，等编. 中国共产党组织史资料：第一卷［M］. 北京：中共党史出版社，2000：100.
② 中共北京市委组织部，等编. 中国共产党北京市组织史资料［M］. 北京：人民出版社，1992：32，41.

的志向和信心",也为北师大植入了爱国进步的红色基因。在五四运动的推动下,一些进步思想、先进知识,得以更加广泛地传播,马克思主义更是从思想、理论到行动,逐渐在中国生根发芽、开花结果。五四精神涵濡了一代又一代的北师大人,激励他们接收最先进的思想,加入最先进的组织,献身不同时期的中心任务,在反帝爱国、抗日动员、民族抗战、解放战争的第二条战线上发挥先锋作用,一批优秀的北师大人成为革命事业、教育变革的先声。

五四精神的重要培育基地和早期传播中心。为继续五四运动的事业,弘扬"五四"的伟大精神,北京师范大学逐渐形成了纪念五四运动的传统。从1920年到1925年,学校每年都召开五四纪念大会,北京高校学生多有参加。1921年的五四运动两周年纪念会,李大钊同志出席并讲话。他在《晨报》上的发文《中国学生界的"May Day"》中指出:"五月四日这一天,是中国学生界的'May Day'。因为在这一天中国学生界用一种直接行动,反抗强权世界,与劳动界的五月一日,有同一意味,所以要把他当作一个纪念日。……我盼望中国学生界把这种精神光大起来,以人类自由的精神扑灭一切强权,使正义人道一天比一天地昌明于全世界,不要把它看狭小了,把它仅仅看作一个爱国运动的纪念日。我更盼望从今以后,每年在这一天举行纪念的时候,都加上些新意义。"[①] 1922年、1923年,他连续出席女高师的纪念会,在1923年的演说中,他呼吁学生"组织民众,以为达到大革命之工具"。1924年、1925年的"五四",北京学联分别以北京女师大、北师大为会场,举行纪念大会。其中1925年的纪念会,各校4000余人参加。会议通过反对帝国主义侵略、反对军阀政府等多项决议。1936年5月4日,黎锦

[①] 李大钊. 中国学生界的"May Day"[N]. 晨报, 1921-05-04.

熙先生为全校师生做《五四运动的历史意义》的报告，强调"五四运动是为中国民众力量第一次具体的表示"，"五四运动的大效力，就在给全国人一个新的刺激：这种刺激就是新文化运动的最大推动力"。他要求同学们"应当看清'五四'的历史，对于国家的前途和今后的自处，应当努力做一点实际的准备！"要"加上些新意义"、要"组织民众"、要"对于国家前途做实际的准备"，① 成为北师大师生纪念五四运动的重要指导思想，五四精神、五四意义在北师大不断被阐发。五四精神通过革命先辈、学术大师的提倡和同学们的身体力行，不断被北师大推广。

"一二·九"运动中执行统一战线政策的先锋力量。"唤起民众，共同抗日救亡"的"一二·九"运动，在相当程度上，可以看作五四运动目标的直接延续和发展。1936年主要在北京和上海发生的"新启蒙运动"，其旨在发扬"五四"的革命传统精神，号召一切爱国分子发动反对异族奴役，反对旧礼教、复古、武断、盲从、迷信以及一切愚民政策的运动，唤起广大人民抗战和民主意识的觉醒。时在北师大任教的杨秀峰、张郁光，曾经任教于北师大的吴承仕等人都是重要的发起人和参与者，他们将党的统一战线政策注入"一二·九"运动，并在其中发挥重要的领导作用。"一二·九"运动中，北师大学生发起成立了水灾救济会，和燕京、清华、东大、女一中等校联合发表《北平十五校大中学校通电》，组织和参与示威游行，参加南下扩大宣传团，并在樱桃沟军事训练与联络二十九军抗日中发挥作用。1936年2月1日，南下扩大宣传团代表在北师大文学院召开团员代表大会，正式宣告了民族解放先锋队的成立。大会决定，设立总队部为民先队领导机构，北师大学

---

① 黎锦熙.五四运动的历史意义[J].国立北平师范大学校务汇报，1936（152）.

生敖白枫任总队长。① 此后，在中国共产党和共青团的领导下，民先队迅速扩大，天津、陕西、武汉、广州、成都、济南、上海等地相继成立分部，到七七事变时，民先队已有队员2万多人，成为党建立抗日民族统一战线的得力助手。"一二·九"运动中，先后任北师大支部书记、中心支部书记的周小舟、张仁槐、王仁忱、林一山在贯彻党的路线、组织发动青年学生、联络民众抗日中发挥重要作用。1937年4月，林一山同志作为北平党组织的四个代表之一，前往陕北参加全国党代表会议，将党中央的会议精神带回到青年学生中来。"一二·九"时期，在北师大的师生中，涌现出一批为抗日救亡、统一战线鼓与呼的宣传人才。其中，杨秀峰、张郁光在文教界有着特别的影响力。周小舟先后在中华民族武装自卫委员会、中共北平临委中负责宣传工作。王文彬、阎世臣、刘御、曹国智直接走向宣传工作的第一线。于刚的文章名噪一时。杜书田倡导成立的北师大"大众歌咏团"起到了鼓舞士气、团结民众的作用。赵启海是北师大歌咏团的歌词创作者和主歌手，由他作词的《到敌人后方去》传到了祖国的四面八方。"一二·九"运动能够轰轰烈烈，北师大的组织、宣传、联系民众的作用功不可没。

西迁陕甘服务抗日救国。抗日战争中，为保护文脉、开发西北，北师大西迁陕甘办学。1939年，得知自己的老师黎锦熙在城固安家，毛泽东特意从延安把《论持久战》一书寄赠给他。接到毛泽东的赠书后，黎锦熙立即组织师生研读，②并在师生中大力宣传"抗战必胜"的观点。中共中央的倡议是师生们所关注的，1939年的"五四"，毛泽东发表《青年运动的方向》，强调全国知识青年和学生青年一定要和广大的

---

① 中共北京市委党史研究室.中国共产党北京历史：第一卷[M].北京：北京出版社，2011：254.
② 李新芝，郑俊明主编.毛泽东纪事[M].北京：中央文献出版社，2011：38.

工农群众结合在一块，要把自己的工作和工农民众结合起来，到工农民众中去，变为工农民众的宣传者和组织者。陕南期间，北师大的青年学子通过组建"陕南学生剧团"等形式，向师生和地方民众做抗战上的动员。北师大师生还发挥"五四"以来开展平民教育的传统，设立社会教育施教区，开展民众启蒙、抗战宣传和移风易俗活动。七七事变爆发后，辅仁大学"一直坚持在沦陷区办学，延续民族文化生命，满足沦陷区爱国青年的求学愿望"，是沦陷区唯一一所"不用日伪当局的教科书、不升日本国旗、不参加日伪当局举办的任何活动"的大学。广大师生不事敌、不附逆、抗日不屈，由此被誉为"抗日大本营""地下抗战堡垒"。① 此一时期，北师大师生因抗战而东西隔离，黎锦熙先生"攘夷武仗三千虎，建国文凭十八龙"的雄心和钱玄同先生"绝不污伪命"的坚贞，代表了大后方和沦陷区学界共同维护民族尊严、服务抗战事业的精神和追求，他们以自己的身体力行，成为北师大青年学子的人格典范和精神偶像。

解放战争中第二条战线上的战斗堡垒。解放战争时期，北师大学生积极参加地下党组织领导的"反饥饿、反内战、反迫害""反对行宪国民大会"运动。北师大学生的进步举动招致国民党北平当局的疯狂镇压，1948年4月9日，100余名国民党特务对北师大学生进行毒打，不少学生在睡梦中被打得头破血流，8名同学遭绑架，制造了"四九血案"。事件发生后，学校600余名师生示威请愿，北平高校"一校有事，各校支援"，把"反饥饿、反内战、反迫害"的学生运动推向高潮，这场运动有力地支援了正面战场。从1948年9月至北平和平解放，北师大党组织不仅为解放区输送干部200余人，还在搜集情报、护校等

---

① 孙邦华. 陈垣与抗日战争时期的北平辅仁大学[J]. 北京社会科学, 2007 (4): 28-33.

115

方面做了大量工作。1949年的"五四",北京师范大学与北京大学等80余所大中学校及青年团体等单位,在北大民主广场热烈举行文艺晚会,到天安门广场义务劳动,在国民大戏院举行五四纪念会,以丰富多样的形式纪念五四,准备中华人民共和国的成立。

坚定跟党走的红色基因。五四运动开启了以先进知识分子为先锋的彻底的反帝反封建革命的新历程。在每一次的国家存亡关头,北师大人的贡献不止于启蒙,不限于发动。他们中的许多人自觉地拿起了马克思主义的思想武器,选择了党,服务于党的发展与建设事业。1927年4月,李大钊被奉系军阀张作霖杀害,陪同李大钊同志牺牲的就有北师大的学生党员谢伯俞、吴平地,他们是最早的一批为了党的事业而牺牲的共产党员。"一二·九"运动中,北师大学子自觉把青年学生自发的抗日救亡行动与全国抗战的需要结合起来,与党的统一战线的策略方针结合起来。解放战争中,不少北师大学子走上了战争前线,更多的北师大学子斗争于敌后战场。由于北师大人的进步和执着,北师大的发展多次遭到反动当局的打压,1925年的"女师大风潮"、1932年的停止招生、1939年由北师大变为西北师范学院的降格办学、1946年的国民政府"不准复原"的命令、1948年的"四九血案"都是明证。既能做先锋,也能做殿军,体现了北师大人的坚持和韧性。但北师大人迭逢艰难却从未止步,历经险阻仍始终向前,由五四运动植入、历次民族危难考验和夯实的"爱国进步"的深厚传统历久而恒远。

四、永放光芒——新时代继续弘扬五四精神

中华人民共和国成立不久,党中央就将每年的5月4日正式确定为青年节。五四纪念由青年学生自发的活动,转变为国家规定的有组织的

全国青年的节日性活动。北京师范大学在党的领导下，将五四精神的弘扬与服务国家的中心任务结合起来，与北师大的办学追求、时代使命结合起来，不断丰富五四运动的新内容，不断创新五四纪念的新形式。通过纪念和传承，推动五四精神在北师大焕发新的活力。

中华人民共和国成立以来，北师大积极参加全国性的纪念活动，同时也开始深化对五四运动的研究，结合学校实际开展纪念活动，传承五四精神。1956年，校长陈垣参加同学们的纪念五四营火晚会，他号召同学们以"在社会主义建设的英雄时代里，向科学进军，要做一个出色的接班人"，"学习科学，学习马克思主义"的实际行动，"继承五四传统、发扬五四精神"。[①] 1959年是五四运动的40周年，学校以"发扬'五四'的革命传统，检查科学研究成果，开展学术讨论，促进学术发展，鼓舞干劲"为主题，举行了全校性的纪念大会，各系纷纷举行报告会、座谈会、讨论会。1979年的第60个五四纪念日，教育部长蒋南翔出席学校的纪念大会，号召大家把弘扬五四精神与新时期的办学目标相结合，努力把师大建成教学和科研两个中心。[②] 学校还举办系列学术报告会，研究和介绍李大钊、鲁迅、瞿秋白、陈独秀、胡适等人的重要影响和突出贡献。五四运动中我校被捕的八名勇士之一、85岁高龄的陈荩民先生受邀出席相关活动，并被聘为学校名誉教授。1984年，学校在主楼北广场，毛主席塑像前东、西两侧建立"五四纪念亭""一二·九纪念亭"，当年曾亲身参加五四运动的老校友楚图南、初大告出席奠基仪式并讲话。[③] 两个纪念亭很快成为北师大纪念五四运动、发扬

[①] 陈垣校长在萤火晚会上的讲话［J］. 师大教学，1956（82）.
[②] 蒋南翔同志在我校纪念五四运动六十周年大会上的讲话［J］. 北京师范大学学报（社会科学版），1979（144）.
[③] 隆重纪念五四运动六十五周年［J］. 北京师范大学学报（社会科学版），1984（241）.

爱国主义优良传统的具有标志意义的人文景观。北师大将纪念五四和学术研究相结合，不断结出丰富硕果。1989年是五四运动的70周年，学校举行《五四与现代中国丛书》首发仪式，丛书由张静如教授主编，彭明、丁守和、姜义华、龚书铎任顾问。此后，北师大的纪念活动更加年度化。2006年5月4日，国务院总理温家宝亲临北师大与我校学子共度五四青年节。2008年在汶川大地震的抢险一线、北京奥运会的赛场上，以及2009年、2015年、2019年天安门广场的盛大阅兵式，都有北师大青年学子的飒爽英姿，展示出北师大积极、活跃、富有生气的青春力量。

打造五四精神的教育基地。五四运动彰显的"爱国、进步、民主、科学"精神，已融入社会主义核心价值体系，是中华民族精神的组成部分。五四记忆是北师大办学历程中的精彩篇章，它塑造并涵养了北师大的办学传统和治学精神。然而，现有关于五四运动的研究，对于北师大的贡献和地位，学界认识不够，北师大人认识也不够。随着涉及北师大师生参加五四运动成果的逐渐增多，特别是随着五四运动资料的不断丰富，五四历史叙事的细节性复原，完整、系统、全面地讲述北师大与五四运动的故事，有了更大的可能和更扎实的基础。学校应加强规划和建设，来固化和彰显北师大的五四作用和五四贡献。在校园规划和景观塑造上，建议将晨曦路改名为五四路，其东头连着位于京师学堂西侧的五四纪念碑，中间是邱季端体育馆西侧的鲁迅像，西头在学四楼和学五楼中间，可立李大钊同志的塑像，整条路的南侧根据可利用的空间增加五四的纪念元素。新校史馆建设也要专门考虑五四建构和形象展示，专门开辟一个空间建设五四纪念厅，全面生动讲述北师大的五四故事。学校五四青年节活动在配合国家纪念主题的同时，突出北师大的特色，如工学结合活动、民众教育活动等。通过多种措施，使五四精神的传承和教育在北师大亮起来、活起来，并通过北师大传播开来，辐射起来。

打造红色师范的人文教育基地。五四运动为北师大党组织的建设和发展奠定了一定的基础。李大钊同志是北师大党组织的缔造者。在李大钊同志的推动下，两高师党组织得以建立并很好地发挥作用，涌现了一批杰出的共产党员，如缪伯英、魏野畴、赵世炎、黄道、楚图南、许兴凯、谢伯俞、邵式平等，两高师成为孕育革命种子的苗圃。在中国众多的师范院校中，湖南省立第一师范学校和绥德师范学校无疑是当之无愧的红色师范。两校的光荣传统都有得益于北师大的地方。例如，京师大学堂师范馆走出的符定一是湖南现代中等教育、师范教育的重要缔造者，五四运动的学生领袖匡互生、周谷城毕业后都曾在湖南一师任教，其中周谷城任湖南一师的教务长。在绥德师范的创办时期，高师学生杨明轩担任学校的教务长。北师大作为中国高等师范教育的重要策源地、教师教育的一面旗帜，这方面的宣传和影响还很不够。为此建议统筹北太平庄校区、辅仁老校区、北京师大附中的红色资源，与北京市鲁迅中学、北京第二实验小学开展资源共享和项目共建，使之成为北京师范大学党建活动的重要基地。同时，利用教育家摇篮、"国培计划"基地、全国校长和教师培训重要基地等品牌优势，开展红色研学活动，将参观北京师范大学校史馆、辅仁校园、北京师大附中、北京市鲁迅中学、北京第二实验小学列入课程培训计划，在培训活动中，凝练课程亮点，建设红色景观，把北师大打造为红色师范人文教育基地。

北师大是五四运动的参与者、五四精神的塑造者，五四运动和五四精神在一定程度上奠定了北师大的历史地位，也塑造了北师大的优良传统。北师大有责任充分挖掘五四运动的教育资源，保护见证五四运动的遗址和文物，加强五四运动的研究和宣传，在服务于学校思想政治教育工作的同时，积极做五四精神的教育基地，努力成为红色师范的人文教育基地。

参考文献

[1] 北京市档案馆. 五四运动档案资料选编 [M]. 北京：新华出版社, 2019.

[2] 北京师范大学校史编写组. 北京师范大学校史：1902-1982 [M]. 北京：北京师范大学出版, 1982.

[3] 北京师范大学校史资料室. 五四运动与北京高师 [M]. 北京：北京师范大学出版社, 1984.

[4] 北京师范大学校史资料室. 一二·九运动与北平师大 [M]. 北京：北京师范大学出版社, 1985.

[5] 北京师范大学党委办公室，北京师范大学校长办公室. 北京师范大学纪事（1902—2011）[M]. 北京：北京师范大学出版社, 2012.

[6] 黎锦熙. 国语运动史纲 [M]. 北京：商务印书馆, 2011.

[7] 李亮. 扬弃"五四"：新启蒙运动研究 [M]. 上海：上海三联书店, 2012.

[8] 钱玄同. 钱玄同日记 [M]. 北京：北京大学出版社, 2014.

[9] 中共中央组织部，中共中央党史研究室，中央档案馆. 中国共产党组织史资料：第一卷 [M]. 北京：中共党史出版社, 2000.

[10] 中共北京市宣武区委组织部，党史办公室. 中共宣武地区地下组织和革命活动 [M]. 北京：中共党史出版社, 2001.

[11] 中共北京市委组织部，中共北京市委党史研究室，北京市档案局（馆），等. 中国共产党北京市组织史资料 [M]. 北京：中央文献出版社, 2011.

[12] 中共中央党史研究室. 中国共产党历史：第一卷 [M]. 北京：中共党史出版社, 2011.

北京师范大学是五四运动的策源地之一

李志英

北京师范大学　100875

　　摘要：一百年来，学界对五四运动的研究汗牛充栋，但有些史实仍有进一步厘清的必要。5月3日下午北大集会策划五四游行一事，史料根据仅来自一个人60年后的回忆，无其他出处，有必要厘清。实际上，此一说法并非来自参与5月3日会议的记者，非作者的会议。重新梳理史料可知，是北高师工学会和北京大学共学会在5月3日晚的不谋而合，工学会还通知了相关高校的同学，做了相应准备。所以，北高师是策划五四游行的主要力量之一。5月4日下午的游行，去赵家楼等行动，作为游行总指挥的北大相关学生领袖并不知情，是北高师学生事先策划并在行动中导引的结果。最先进入赵家楼的亦是写了遗书准备赴死的北高师学生匡互生等人。正是在北高师学生激烈行动的影响下，事件演变成了全国规模的政治行动。而北高师之所以能够在五四运动中发挥领导作用，与北高师深厚的革命传统和新文化积淀有重要关系。

　　关键词：北高师；北京师范大学；五四学生游行；匡互生

　　2019年是五四运动爆发的一百年。在近现代中国的历史上，五四运动无疑具有重要的、标志性的意义。因此，五四运动后不久，对于五四运动的研究就开始了。一百年来，关于五四运动的研究成果层出不穷，卷帙浩繁。

近年来，学界关于五四运动的研究，主要集中在五四运动爆发的原因、五四精神、五四运动的领导权、五四运动与 20 世纪中国历史发展及现代化建设、五四运动相关人物及知识分子、五四时期的民主观及五四运动与文化发展、五四运动的历史地位和意义等方面。在众多研究成果中，探讨和考辨五四运动史实的文章近年来比较少见，似乎作为一个历史事件，五四运动的面目已经很清楚，没有再做审视的必要了。实际上，由于五四运动时期北洋政府统治下政治环境的恶劣，许多历史细节在当时就是扑朔迷离的，以至于五四运动发生七年后，匡互生①在写回忆录的时候仍需要闪烁其词，称一些高校的进步小组织为"某校""某某学校"，并不敢直呼其名。这种情况的存在，必然导致某些史实被遮蔽，形成疑问颇多的、模糊的历史画面。1949 年以后，五四运动的历史地位得到充分肯定，诸多五四运动的亲历者撰写了大量回忆录，弥补了诸多史料的缺憾。但是，中华人民共和国成立后毕竟距离事件的发生已经过去多年，人们的记忆难免出现偏差，特别是纪念五四运动 60 周年及以后问世的回忆录，距离事件的发生更加遥远，很多亲历者已经进入老年，记忆发生误差的概率增大。对此，五四运动的史实仍然有需要厘清之处。在厘清的基础上，也就有调整某些评价的必要。

需要指出的是，对于五四运动的外延和内涵，目前学界存在不同的理解。韩璐提出，"五四运动开始时单指 5 月 4 日学生示威事件"，其后又有狭义和广义之分，"狭义的指 1919 年 5 月 4 日的学生示威活动，即五四事件；广义指从 1917 年至 1921 年间的政治和思想文化运动，称为

---

① 匡互生，又名匡日休、匡务逊，湖南宝庆人。1919 年北高师数理部毕业。其回忆录《五四运动纪实》写于 1926 年。

五四新文化运动。还有一种广义的说法，即认为五四运动包含1915年开始的新文化运动和1919年的五四爱国运动两部分，时间上是从1915年9月至1926年7月《新青年》停刊"①。实际上，国内很多学者都是从广义的意义上理解五四运动的，比如彭明所著的《五四运动史》②一书，上溯至新文化运动，下探至问题与主义之争、关于社会主义的辩论以及反对无政府主义的论争等，实际上是将五四运动的下限定在1921年中国共产党的建立。再如张德旺所著的《新编五四运动史》③一书，上溯至《新青年》创刊，下叙及1926年的新文化运动的终结。另外，国内诸多高校的教材也采用此类分期。国外学者也有持此类看法的，美籍华裔学者周策纵所著的《五四运动——现代中国的思想革命》④一书，亦从1915年开始叙说，最终结束于1922年的思想和政治的分裂。不过，也有学者不赞成广义的五四运动说，认为五四运动就是1919年群众爱国运动⑤，也就是狭义上理解的五四运动。然而五四事件毕竟是五四运动的最重要部分，所以即使是持广义说的学者，也将1919年发生的群众爱国运动视为五四运动的核心要素，称之为"五四事件"，譬如周策纵先生的著作就是这样表达的。笔者基本上赞同广义五四运动说，但本文所要研究的主要是五四事件本身，也就是1919年发生的学生爱国运动。因为如果要考察五四运动的策源地的话，首先要考察的就是作为整场运动导火索的五四学生爱国运动。如果没有这场学生运动，则纵使有1915年起发生的新文化运动，也不能称为五四运动。

---

① 韩璐. 近年来国内五四运动研究述评［J］. 北京党史，2007（03）：33-34.
② 彭明. 五四运动史［M］. 北京：人民出版社，1984.
③ 张德旺. 新编五四运动史［M］. 哈尔滨：黑龙江人民出版社，2009.
④ 周策纵. 五四运动——现代中国的思想革命［M］. 周子平，彭吉兴，金来顺，等译. 南京：江苏人民出版社，1999.
⑤ 孔凡岭. "五四运动"一词的最早出现及其涵义的演变［J］. 中共党史研究，2001（03）：89.

一、五四学生游行运动的策划与发生

各界历来认为北京大学是五四运动的策源地[1]，认为在五四运动爆发的这个历史节点上，北京大学的学生发挥了最重要、最根本的策动作用。这种表达的产生，有主客观等多方面的原因。

从客观原因来看，由于北京大学是当时北京高校中学生最多的学校，参与五四游行的人数占比最大，故而产生的影响也最大。因此，人们在谈论五四游行的时候大多以北大指代，或者仅提北大。在五四学生游行发生次日，教育部发咨文严禁学生游行集会时，其表述还是北京公私立专门以上学校十三处，"昨日午后一时，突有北京公私立专门以上学校十三处，学生约二千人，齐集天安门外，对于青岛外交问题，开会演说"[2]，行文中并未特指北京大学。但是到了第二天，即5月6日，北洋政府发布大总统令时口气就为之一变，"本月四日，北京大学等校学生，纠众集会，纵火伤人"，变成了"北京大学等校学生"。此后，再提及此事，北洋政府的提法均沿用此口气，譬如5月7日京师警察厅关于逮捕捣毁曹宅学生的密电就沿用这一说法[3]。5月8日北洋政府的

---

[1] 萧超然. 北京大学与近现代中国 [M]. 北京：中国社会科学出版社，2005.
萧超然，沙健孙，梁柱，等. 北京大学校史 [M]. 北京：北京大学出版社，1988. 以及前述张德旺、周策纵等人的著作.

[2] 教育部严禁学生游行集会咨 [M]//中国社会科学院近代史研究所，中国第二历史档案馆史料编辑部. 中华民国史档案资料丛刊·五四爱国运动档案资料. 北京：中国社会科学出版社，1980：183.

[3] 吴炳湘关于逮捕五四捣毁曹宅学生致王怀庆密电 [M]//中国社会科学院近代史研究所，中国第二历史档案馆史料编辑部. 中华民国史档案资料丛刊·五四爱国运动档案资料. 北京：中国社会科学出版社，1980：185.

"大总统严禁学生干政并将被捕学生送交法庭令"① 中亦沿用此说法。5月22日,内务部的训令也沿用此说法②。政府的提法对于社会认知和社会舆论当然有重要的引导作用,特别是对于并未亲历事件的大多数民众来说影响是巨大的,对于不能亲眼看见事件的京外地区的民众和舆论的影响就更是巨大的。北洋政府的这一提法,将北京大学提到了五四事件的主导地位,影响深远,加之北京大学在中国高等教育中的重要地位和广泛影响,此说法不断得到强化并延续下来。

  从主观的原因来看,由于北京大学参与五四游行人数众多,留下的回忆录也就多,加之对母校的深厚感情,强调母校的核心作用就成为这些人回忆录的共同特点。因此,对五四事件中北大重要作用的褒扬性记载,最初是在纪念五四运动的各种回忆录中体现出来的,其后在多种学术研究中予以强化③。例如,周策纵所著的《五四运动——现代中国的思想革命》一书在谈及五四游行的策划和过程时,就是以北大的行动为主叙述的,其他学校的行动仅作为附带成分一带而过,甚至连这些学校的名称都没有出现,各种小组织的名称就更没有出现④。叶曙明所著的《重返五四现场——1919 一个国家的青春记忆》一书亦采用此类笔

---

① 大总统严禁学生干政并将被捕学生送交法庭令 [M] //中国社会科学院近代史研究所, 中国第二历史档案馆史料编辑部. 中华民国史档案资料丛刊·五四爱国运动档案资料. 北京: 中国社会科学出版社, 1980: 187.
② 内务部转饬镇压学生爱国运动训令稿 [M] //中国社会科学院近代史研究所, 中国第二历史档案馆史料编辑部. 中华民国史档案资料丛刊·五四爱国运动档案资料. 北京: 中国社会科学出版社, 1980: 193.
③ 朱成甲. 北京大学与五四运动——兼论北大与教育救国、文化救国思潮的内在联系 [J]. 北京大学学报(哲学社会科学版), 2000 (3): 87-96.
④ 周策纵. 五四运动——现代中国的思想革命 [M]. 周子平, 彭吉兴, 金来顺, 等译. 南京: 江苏人民出版社, 1999: 99-105.

法①。有的研究五四运动的论文亦持此种说法②。

那么，五四学生运动是否就是北京大学学生单独策动的，或者说北京大学学生的行动是否确实起了主导性的作用呢？这需要从五四学生游行的策划谈起。因为既然五四学生游行是五四事件或者五四运动的标志性事件，那么五四游行的策划对于确认事件主导力量非常关键。

五四游行的策划直接与5月3日的会议有关。此前，在当日的上午③，国民外交协会召开了全体职员会议，决定于5月7日国耻纪念日在中央公园④召开国民大会，表达国民对于山东问题的意愿⑤。实际上，根据五四运动亲历者周予同的回忆，早在4月底，"北高师和北京大学、北高工的几个小组织，便有在五月七日举行示威运动准备"⑥。也就是说，即使没有国民外交协会的会议以及会后邵飘萍等人向北京学生的通报，北京的学生也是会举行示威抗议活动的。但是，国民外交协会的行动显然起到了激发北京学生斗志的作用。

于是，北京的学生行动起来了。现在各种记载表述最多的是北京大学的学生召集全市大专以上学生的代表，于5月3日晚在北大法科召开了会议，会议在热烈的掌声中，一致做出如下决定：1. 联合各界一致

---

① 叶曙明. 重返五四现场：1919，一个国家的青春记忆［M］. 北京：中国友谊出版公司，2009.
② 朱成甲. 北京大学与五四运动——兼论北大与教育救国、文化救国思潮的内在联系［J］. 北京大学学报（哲学社会科学版），2000（3）：87-96.
③ 另一说为当日下午。彭明. 五四运动史［M］. 北京：人民出版社，1984：264.
④ 今北京中山公园。
⑤ 对于此事，亦有学者有疑义，提出在很多当事人的回忆中都没有提到此事，北大学生集会纯粹是自发形成的。彭明. 五四运动史［M］. 北京：人民出版社，1984：267.
⑥ 周予同. 火烧赵家楼［M］//北京师范大学校史资料室. 五四运动与北京高师. 北京：北京师范大学出版社，1984：32-38. 周予同，浙江瑞安人，1920年北高师国文部毕业。北高师是北京高等师范学校的简称，为北京师范大学的前身。北高工是北京高等工业学校的简称。

力争；2. 通电巴黎专使，坚持和约上不签字；3. 通电全国各省于五月七日国耻纪念日举行群众游行示威运动；4. 定于五月四日（星期日）齐集天安门举行学界大示威①。论者普遍认为，正是会议的这个决议导致了五月四日的学生游行。

但是，这个决议的令人狐疑之处颇多。首先，笔者目力所及，大多数学术著作叙及北大这个决议，均来自许德珩《纪念五四运动六十周年》的回忆录，也就是说来源是唯一的。而这个回忆录是当事者80多岁时的回忆，即记忆力开始衰退时的回忆。其实，许德珩在中华人民共和国成立后写过不止一份回忆录，笔者所见有写于1951年的《五四运动在北京》②、写于1959年的《五四前的北大》③，以及初刊于1951年、后又经过作者修改的、刊载于近代史资料专刊《五四运动回忆录》的题名为《五四回忆》的回忆录。但观察上述几份回忆录，许德珩中青年时代面世的几份回忆录均未见这四条决定。为什么反而出现在作者晚年80多岁的回忆录中？难道中青年的时候都没有想起来的事情到耄耋之年忽然又想起来了？

为此，笔者再次追溯，发现这四条决定最早出现在蔡晓舟、杨景工于1919年7月所编的《五四》④一书中。与许德珩的回忆录两相对照，可知除个别字词的差异外，其内容完全一致，表明两者之间有着明显的承继关系。显然是许德珩在晚年的时候发现了这条史料，进而加入回忆

---

① 许德珩. 五四运动六十周年［M］//中国社会科学研究院近代史研究所·五四运动回忆录（续）. 北京：中国社会科学出版社，1979：37-69.
② 许德珩. 五四运动在北京［M］//中国社会科学院近代史研究所. 五四运动回忆录（上）. 北京：中国社会科学出版社，1979：210-217.
③ 许德珩. 五四运动在北京［M］//中国社会科学院近代史研究所. 五四运动回忆录（上）. 北京：中国社会科学出版社，1979：228-233.
④ 蔡晓舟，杨景工. 五四［M］//中国社会科学院近代史研究所，近代史资料编辑组. 五四爱国运动（上）. 北京：中国社会科学出版社，1979：445-486.

录中去的。然蔡、杨二人究竟何许人氏、是否亲身参加了五四运动乃至五四事件的核心机密，其消息从何而来，均不得而知。虽然该书是事后不久搜集资料所撰写的，因而事件的来龙去脉叙述得比较清楚。但若深究细节，则可疑处亦颇多。譬如该书所叙5月4日上午会议商议的下午之行动计划，与后来的事件轨迹完全一致，而与当事人的回忆不一样，则显然是根据事件的进展追述的。

其次，为什么北大5月3日的会议将本来定于5月7日举行的示威活动改在5月4日，目前学界普遍依据的许德珩的这份回忆录并没有做详细交代，似乎本来就应如此。

因此，5月3日究竟发生了什么，学生是怎样策划次日的游行的，仅靠许德珩的回忆录是无法完整解释的，必须做更详细的、进一步的考察。

笔者目前所见早期的关于5月3日会议的文献记载是报刊，例如，《每周评论》1919年5月11日出版的第21号"一周中北京的公民大活动"中记载，一周的会议中"最重要的，一个是国民外交会，一个是学界大会。前一个会议决请政府在外交上取最强硬的态度，国民对日本人取最坚决的对待，更于国耻纪念日在中央公园开个国民大会；后一个会议决于次日（四日）专门以上各学校全体学生游街示威，因为等不及五月七日了"。这里交代了游行示威改在5月4日的原因是"等不及了"。这当然比许德珩的回忆进了一步，但是仍然没有交代为什么等不及了。最重要的是《每周评论》的报道是"马后炮"，是在事件发生之后，有据事件的发生为之推断之嫌。

其后的早期文献是五四运动的亲历者匡互生写于1926年的回忆录，这是目前笔者所见年代最早的亲历者的回忆录。在这份回忆录中，匡互生对此次会议着墨并不多，文中云，5月3日中国外交完全失败的消息传出后,"北京所有的学生除了那些素来麻木的人以外,没有不痛骂曹、章、陆等没有良心的,没有不想借一个机会来表示一种反抗精神的。因空气这样紧张的缘故,大家就有提前举行示威运动的提议,于是五月四日举行游行大会的议案就由各校代表会议议决了"①。匡互生的回忆总算对示威游行改期的原因有所交代了,是因为"空气这样紧张的缘故",也就是巴黎和会中国外交日益恶化使得学生已经等不到5月7日再采取行动了。但是,匡互生的交代似乎也过于简单了,仅仅一句话并不能拨开历史的迷云。匡互生的这种表述应当是当时北洋政府高压政策的产物,他只能欲言又止,不可能直抒胸臆。但有一点是可以肯定的,即此决议是各校学生代表共同做出的。即使如此,北京大学的召集作用还是显而易见的。

　　事情确实如此吗?显然还需要进一步的追究。中华人民共和国成立后,政治上对于五四学生爱国游行活动不利的政治高压已经不存在,人们可以秉笔直书了。但是,对于五四学生游行的策划过程,大多数回忆录依然语焉不详。这就不能用政治形势的压迫来解释了,只能视之为没有参与核心行动,因而并不知道内情的结果。在众多回忆录中,有两通回忆录特别值得注意,这就是五四运动的亲历者、北高师的学生周予同写的两通回忆录。一通写于1959年,此时五四运动过去了40年,虽然年代相距也比较远了,但作者不过是从风华正茂的年轻人变成了60余岁的中老年人,记忆力尚可。在这份回忆录中,周予同详细描述了五四学生游行的策划:"我们那时在校里原有一个小组织,参加的各科同学有几十个人。五月三日是星期六,那天晚上这个组织在学校饭堂旁边的一间小屋里开会,一致主张用游行示威的方式来表示抗议。起初本想定

---

① 匡互生. 五四运动纪实 [M] //北京师范大学校史资料室. 五四运动与北京高师. 北京:北京师范大学出版社,1984:3-23.

五月七日或九日'国耻纪念日'举行,以便于宣传和组织,后来大家讨论,恐怕时间推迟,消息泄露,会引起反动政府事前的阻止或镇压,而且第二天五月四日是星期天,不需要同学们罢课参加,也容易得到一般同学的同情以增加人数。就我当时所了解的,五四运动前夕开这样秘密会议的,除高等师范外,也只有北京大学一个小组。"[1] 20 年后,纪念五四运动 60 周年的时候,周予同再次撰写回忆录,更加详细地描写了 5 月 3 日的场景:"五月三日,各报传出把持巴黎和会的列强在四月三十日勒逼中国承认日本吞并青岛和侵占山东权益的消息。当天下午,北京各高校代表立即在北大集会抗议,并呼吁全国各界在五月七日或九日'国耻纪念日'同时举行国民大会,表示誓死抗争的民意。那天晚上,我们高师工学会[2],便在学校饭堂旁边的一间小屋里开全体会议,秘密讨论'对于中日交涉的示威运动,本会应采取何种态度?'。大家讨论,假使在七日或九日搞游行示威,恐怕时间过迟,消息泄露,会引起反动政府事前的阻止或压制。大家认为,应当提前在第二天,五月四日举行,它又是星期天,不需要同学们停课参加,容易得到一般同学的同情以增加人数。据我当时所了解的,五四前夕开这样秘密会议的,还有北京高工、北京大学的一个名叫共学会的小组。他们也主张提前于五四那天在天安门广场举行'游街大会',可以说是和我们不约而同。"[3] 两相对照,两份回忆录基本相同,没有明显的出入,所增加的最重要之处是,点明了秘密小组的名称是工学会和共学会。而这些小组织在匿互

---

[1] 周予同. 五四回忆片段 [M] //中国社会科学院中国近代史研究所. 五四运动回忆录(上). 北京:中国社会科学出版社,1979:265-268.
[2] 工学会,北高师学生的爱国组织,其前身是 1918 年成立的同言社,后其成员逐步接受了工学主义思想,乃改称"工学会"。
[3] 周予同. 火烧赵家楼 [M] //北京师范大学校史资料室. 五四运动与北京高师. 北京:北京师范大学出版社,1984:32-38.

生的回忆录中也是提到的，只是碍于当时的政治形势没有点明而已。

综合上述两通回忆录，可以明晰学生游行提前的原因：一是如匡互生所言是形势紧张的缘故，形势已经发展到必须立刻有所行动，来维护国家的主权了。这个原因在许多回忆录中都有表述，并不特殊。二是担心过分延迟的话，可能泄露消息，这一点非常重要。从五月三日到七日甚至九日，中间有四到六天的间隔，人多嘴杂，很有可能泄露消息。如果那样就前功尽弃了。对此种可能性，工学会的学生应当很清楚。因彼时距离辛亥革命不过刚刚过去八年，革命派当年武装起义屡屡因消息泄露而功败垂成的事仍然历历在目，工学会当然要竭力避免重蹈革命派多次起义失败的覆辙。三是因为五月四日是星期天，学校不上课，可以吸引更多的学生参加，而不至于有的学生因上课与否而彷徨。

上述三条原因，显然就把学生游行提前的原因解释得非常清楚了，而且合情合理，令人信服。这是笔者所见对于游行提前的原因解释的最详细清楚的回忆录。其实，此种说法在有些论著中提及了，但是只是作为五四学生游行激烈化的根据，并未考虑其在策动整个事件中的作用[1]。实际上，这段回忆的细节如果仔细分析，则可以颠覆某些似乎是定论的问题。

最重要的一点是，周予同回忆录提出5月3日北大集会仅提出要在5月7日或者5月9日集会，并未涉及游行改期的问题，与许德珩的回忆不一致。但这不应当是周予同的疏漏，因为他的回忆写于中华人民共和国成立后，已经没有了反动政府的压力，其时关于北大在五四运动中的策动作用之说也已经很流行了，周予同不会不知道，如果确实是北大会议定下来的，周予同自然会予以确认。相反，周予同并没有如此做，

---

[1] 张德旺. 新编五四运动史 [M]. 哈尔滨：黑龙江人民出版社，2009：107.

而是写了另外的细节，这应当视为周予同并不认同北大策动说的体现，也有纠正的意味在里面。如果按照周予同的回忆，则5月4日的行动是工学会和共学会各自谋划、不谋而合的产物。重要的是，还有另外的回忆录可以佐证。如匡互生的回忆录提到了工学会秘密开会的细节①。北高师另一位参与五四学生游行的学生于力②在1946年写的回忆录中也提出："五四运动最初是由北大和北高师等校学生发动起来的。还记得在五四运动前一天的整日间，有些人是在为翌日天安门开大会的准备事项而忙碌着，印传单的、糊小旗的、编口号的、计划游行路线等。晚间，北高师操场北端的西花厅里，汇集着以工学会为基干的十几个青年……"③匡互生和于力的回忆录写得都比较早，其所叙应当更靠近历史真相。另外，陶希圣的回忆录确认了5月3日北大会议决议第二天游行，但也提到了各个学校的行动，他认为："北京大学的学生是动起来了，别的学校也是一样地动起来了。这次的学生运动是各学校学生由分而合的，是没有任何校外的动力的，并且任何学校都没有教职员做主张的。北京大学的学生没有组织中心，也不是各大专学校学生的组织中心。"④陶希圣的这套说法，有否认各校学生受新文化运动的影响、受各种先进思潮特别是马克思主义思想影响的韵味，但同时也印证了各高校学生各自行动、不谋而合之事，说明工学会等小组织的行动确实存在。

综合上述考辨可知，关于五四学生游行的策动有两个途径：在日本

---

① 匡互生. 五四运动纪实[M]//北京师范大学校史资料室. 五四运动与北京高师. 北京：北京师范大学出版社，1984：3-23.
② 于力，在校用名董瑶，号鲁葊，又名董鲁葊。1920年北高师国文部毕业。
③ 于力. 北高师参加五四学生游行示威的情况[M]//北京师范大学校史资料室. 五四运动与北京高师. 北京：北京师范大学出版社，1984：85-89.
④ 陈占彪. 稀见史料：五四事件回忆[M]. 北京：生活·读书·新知三联书店，2014：129.

即将吞并中国山东的危急时刻，北京各高校的学生纷纷行动起来，北高师工学会、北京大学、北京高工共学会等小组织秘密动议提前于5月4日举行示威游行；北京大学于5月3日召集各高校代表集会，决定5月4日游行。上述两种说法中，关于北高师工学会活动的回忆均为核心策划人物的回忆录，且更详细具体并有佐证，因而更具合理性。可以说，北高师和北京大学等高校的学生对于五四学生游行的发动都做出了重要贡献。

二、北高师学生的行动模式影响了后来事件的走向

北高师工学会在5月3日的秘密会议上不仅决议了提前游行示威，还讨论了行动的模式。

关于这一点，最早的记载是北高师英语部学生冯克书[①]写于1919年6月21日的一封家信，信中云："同学心中之火，一发而不可遏，遂于五月三日与各校联络，谓现在救国非学生不可。夫学生本无势力，但合群为之，所谓群策群力，虽不成，亦听天命可也。与其为亡国之奴，不若为民国之鬼。首先提议先将交通总长、驻日公使等卖国贼打死，然后再做外交后援。"[②] 这是目前可见最早的亲历者的记录，从中可以看出两点：一是5月3日秘密会议以后，北高师的学生联络了各校学生，促成第二天的行动；二是行动不能采取温和手段，要打死卖国贼，就此透露了北高师学生的行动模式。但是，究竟怎么联络，又采用怎样的手段打死卖国贼，此信均没有详细交代，需要进一步考究。

---

① 冯克书，号德峻，1917年入北高师英语部，1921年毕业。
② 克书.一封通信——北高师一学生谈"五四"经过[M]//北京师范大学校史资料室.五四运动与北京高师.北京：北京师范大学出版社，1984：24-27.

对此，匡互生的回忆更详细一些，参会同学"大多数主张采用激烈的手段去对付那几个仰日本军阀的鼻息，做国内军阀的走狗，并且惯以构成南北战争以快私意的曹、陆、章，就决定次日联合各学校的激烈分子，伴大队游行至曹、章、陆等住宅的时候，实行大暴动，并一面派会员先将曹、章、陆等住宅的门牌号数调查明白，以便直接行动"①。这样，就可以明了学生所谓打死卖国贼的行动方案的细目了，是要采用激烈手段，实行大暴动，并且为了对付那几个"走狗"还事先做了准备，调查了曹、章、陆等住宅的门牌号。关于联络各校学生则进一步明确为联合各校激烈分子。但是究竟怎样采取激烈手段，匡互生此段回忆也没有交代清楚。

进一步探究，周予同1959年的回忆是讲得更加详细了："在我们这个秘密会议上，有一部分同学一开始便不愿意用和平的游行请愿方式，而激烈的主张在可能的范围内进行暴动。这个提议在群情激愤下得到了通过。但怎样进行暴动，用什么武器来暴动，都没有加以细密的考虑，而只是要个人自己想办法。那时据说有校外人士可以提供手枪，但没有结果。不过卖国贼曹汝霖、章宗祥、陆宗舆三人的照片却早从大栅栏一带的照相馆中设法到手，以便暴动时有所对证。其余少数同学也只分别带些火柴、小瓶火油，以便相机利用。但是当时即使是化学科的同学，也没有想到用烈性的药物。这个秘密会议因为要加速进行明天组织的各校游行工作，也就匆匆结束了。"② 周予同的回忆不但提到了所谓激烈行动就是暴动，而且交代了暴动的武器——火柴和火油，并且进一步补

---

① 匡互生.五四运动纪实[M]//北京师范大学校史资料室.五四运动与北京高师.北京：北京师范大学出版社，1984：3-23.
② 周予同.五四回忆片段[M]//中国社会科学院中国近代史研究所.五四运动回忆录（上）.北京：中国社会科学出版社，1979：265-268.

充了搞到三贼照片的细节，使得后来火烧赵家楼和痛打章宗祥有了基本条件。否则，学生在赵家楼内再激愤也是没有点燃赵家楼的可能的，因为在当时的条件下火柴和火油并非手到擒来之物，且价格并非便宜到普通百姓均可随时承受，所以事先的准备非常重要。另外，如果没有事先准备照片，学生即使遇到曹汝霖、章宗祥、陆宗舆，在当时的传媒条件下也是不可能认出的。对此，北高师学生于力的回忆录也有相同的记载："晚间，高师操场西端的西花厅里，会集着以工学会为基干的十几个青年，秘密宣布明日游行后，还要前往东城赵家楼胡同安福系巨子曹汝霖的住宅去示威的计划，并布置届时分给各个人应担负的任务。"①

但策划上述激烈行动的细节，笔者目力所及北京大学的相关人员的回忆录均无详细记载，叙述最多的是在5月3日的会议上北大"法科学生谢绍敏悲愤填膺，当场将中指龁破，裂断衣襟，血书'还我青岛'四字，揭之于众，这就更加激励了全体学生的情绪"②。这样的行动可以算得上激烈了，但其目的只是激励同学，对于行动方案并无实质性的影响。另外，北大学生杨晦在回忆录中提到了北京大学学生讨论的行动模式，"找到卖国贼怎么办呢？也有人想到那里跟卖国贼干一场的，但是大多数人，都没有斗争经验，想得很简单，只打算把旗送去，像留日学生对章宗祥那样，搞他们一下就算完事"。留日学生是怎么搞章宗祥的呢？"五四前不久，在驻日公使章宗祥带着日本小老婆回来商量如何卖国时，留日学生跟送丧似的送他，白旗丢了一车厢，他的小老婆都被

---

① 于力.北高师参加五四学生游行示威的情况[M]//北京师范大学校史资料室.五四运动与北京高师.北京：北京师范大学出版社，1984：85-89.
② 许德珩.五四运动六十周年[M]//五四运动回忆录（续）.北京：中国社会科学出版社，1979：37-69.
彭明.五四运动史[M].北京：人民出版社，1984：268.
中国社会科学院中国近代史研究所.五四运动回忆录（上）[M].北京：中国社会科学出版社，1979：223.

吓哭了。"① 这应当是北大学生心目中五四行动除游行示威外的激烈手段。而在五四游行过程中，确有学生在激愤中将手中的小旗隔墙扔进了曹宅。但是，这些行动与五四事件的激烈程度相比，只能算是小巫见大巫了，并不算激烈行动。

5月3日北大的会议上，还有很多事情没有确定。于是5月4日上午，各校又派出代表在法政专门学校举行了联合会议，周予同是北高师的代表之一。他说，会议上"大家讨论了游行示威的进行办法，决定散布'北京学界全体宣言'，提出'外争国权、内除国贼'的政治斗争口号"。这个《北京学界全体宣言》有文言文和白话文两个版本，分别由北大学生许德珩和罗家伦起草。就在北大的学生忙着写宣言一类的事情的时候，北高师的学生因为头一天晚上策划了要采取激烈的行动，就开始在会上串联各校激烈分子。"那天由北高师工学会代表联络到的各校激烈分子，有二十人左右，大多属于北高师工学会，高工、北大共学会等组织。"② 而按照匡互生的回忆，这种联络5月3日晚上会议结束后就开始了，"于是五月四日早晨凡在各校主张激烈的分子就是由这个工学会的代表实地联络的结果，暗中已经心心相印了。"③ 但无论联络何时进行，有这样的联络是存在的。联络的时候"大家相约暴动，准备牺牲，有的还向亲密朋友托付后事，我和匡互生都写了遗书"④。可见当时的场面是很悲壮的。对此匡互生的回忆是："各校的热烈分

---

① 杨晦. 五四运动与北京大学［M］//中国社会科学院中国近代史研究所. 五四运动回忆录（上）. 北京：中国社会科学出版社，1979：218-227.
② 周予同. 火烧赵家楼［M］//北京师范大学校史资料室. 五四运动与北京高师. 北京：北京师范大学出版社，1984：32-38.
③ 匡互生. 五四运动纪实［M］//北京师范大学校史资料室. 五四运动与北京高师. 北京：北京师范大学出版社，1984：3-23.
④ 周予同. 火烧赵家楼［M］//北京师范大学校史资料室. 五四运动与北京高师. 北京：北京师范大学出版社，1984：32-38.

子——二十人以内都有相当的准备,甚至有连身后的事情都向亲密的朋友商托好了的!这个时候,我见几个同学那种决意为反抗强权、反抗人类的蟊贼而牺牲的激昂慷慨的态度,我只觉得有通往牺牲的快乐,绝无丝毫恐惧和苟且偷生的念头。"① 正是这些"激烈"学生的计划和随后的行动导致了学生行动模式。因为在随后的露天大会的主持者——学生团"于会前决定的游行程序上,只说先到总统府,再往东交民巷各国公使馆,并没有决议说要往曹、陆等的住宅去。被推担任天安门大会主席和游行总指挥的段锡朋、傅斯年,都是北大新潮社等组织的。他们一点也不知道我们准备用暴动手段惩罚卖国贼的秘密决议和准备"②。如果说工学会的决议属于秘密性质而不方便在大会上宣布的话,则其后段锡朋、傅斯年等人的阻拦行动证明了秘密决议确实存在。

5月4日下午,北京学生到达天安门广场集合。最先到达的是北高师的学生,汇文学校的学生同时也到达广场。北京大学的游行队伍因受到阻挠而最后到达。总计有13所学校的三千余名学生参加了游行。当游行队伍在东交民巷受阻时,行动路线发生了变化,游行队伍开始向曹宅涌去。至于怎么改道去了曹宅,大多数著作用的都是匡互生回忆录中的一段话:"于是,素不感觉外力欺压的痛苦的人们,这时也觉得愤激起来了,'大家到外交部去,大家往曹汝霖家里去'的呼声真个响彻云霄。""这时候,负总指挥责任的傅斯年,虽恐发生意外,极力阻止勿去,却亦毫无效力了。"③ 但究竟什么人喊了口号从而引导队伍去往赵

---

① 匡互生. 五四运动纪实 [M] //北京师范大学校史资料室. 五四运动与北京高师. 北京:北京师范大学出版社,1984:3-23.
② 周予同. 火烧赵家楼 [M] //北京师范大学校史资料室. 五四运动与北京高师. 北京:北京师范大学出版社,1984:32-38.
③ 匡互生. 五四运动纪实 [M] //北京师范大学校史资料室. 五四运动与北京高师. 北京:北京师范大学出版社,1984:3-23.

家楼,匡互生则没有明确的表述。这应当是当时政治条件的产物,因为如果匡互生将同学的名字公开,则同学必将遭到北洋政府的迫害。中华人民共和国成立后,这种政治迫害已经不存在了,但是北大相关人员的回忆录仍然未明了此事细节,这就只能视为并不知情的结果。但是北高师学生的回忆录对此却有明确的记载。周予同在回忆录中说:"在队伍被迫退出东交民巷巷口之后,我们一些同学便忽然高呼到赵家楼曹汝霖宅去,马上得到群众一片赞同的响应。那时担任总指挥的傅斯年,虽然极力阻止,说是怕出意外,但他哪里阻挡得住群众运动的洪流呢?"[1]此段话中,周予同明确指出是"我们同学"高呼去赵家楼,即由北高师事先参与秘密计划的同学有意识地引导游行队伍走向赵家楼。作为北大学生的傅斯年的行动也从反面印证了这一点,因为"被推担任天安门大会主席和游行总指挥的段锡朋、傅斯年,都是北大新潮社等组织的。他们一点也不知道我们准备用暴动手段惩罚卖国贼的秘密决议和准备"。而傅斯年阻止游行队伍往赵家楼方向去的事情,则是不少著作文献都有记载的。周策纵征引了多种史料来写这件事:"忽然他们大声喊道'到外交部去!''到曹汝霖家里去!'在这紧要关头,被选为学生示威总指挥的傅斯年劝同学们不要去。但他控制不了当时那种喧嚣冲动的形势了。"[2]彭明的《五四运动史》和张德旺的《新编五四运动史》均采用了这一说法[3],表明此事确实存在,亦表明学界均认可匡互生和周予同的回忆。

---

[1] 周予同. 火烧赵家楼[M]//北京师范大学校史资料室. 五四运动与北京高师. 北京:北京师范大学出版社,1984:32-38.

[2] 周策纵. 五四运动——现代中国的思想革命[M]. 周子平,彭吉兴,金来顺,等译. 南京:江苏人民出版社,1999:111.

[3] 彭明. 五四运动史[M]. 北京:人民出版社,1984:281.
张德旺. 新编五四运动史[M]. 哈尔滨:黑龙江人民出版社,2009:111.

到达曹宅后，曹宅大门紧闭，门口有警察把守，阻拦学生开门。学生盛怒之下，将手中举着的小旗子全部隔墙扔进了院子。但是还觉不解气，就有学生试图爬墙进去，但碍于院墙太高，没有成功，其他学生"就用旗杆把沿街一排房屋上前坡的瓦，都给揭了下来，摔了一地，却没留下一片碎瓦，全被我们隔着临街房屋抛进院里去了"[①]。做完这些事情后，由于不知道工学会等小组织预先的计划，大部分学生就比照留日学生对付章宗祥扔小旗的模式，以为事情做完了，"预备着散队回校"了，这时"那些预备牺牲的几个热烈同学，却乘着大家狂呼的时候，早已猛力跳到围墙上的窗洞，把铁窗冲毁，滚入曹汝霖的住宅里去了"[②]。而第一个跳进院子里去的正是写了遗书准备赴死的北高师学生匡互生。随后，"四五个准备牺牲的同学爬进去"[③]，从里面打开了大门，于是除去已经返校的学生外，剩余的学生就都冲进院子中去了。学生本以为曹汝霖、章宗祥、陆宗舆等卖国贼正在曹宅开会，但遍寻不着。"我们找不到几个卖国贼，便要烧他们阴谋作恶的巢穴。于是，匡互生便取出火柴，同我一起将卧室的帐子拉下来一部分，加上纸头的信件，便放起火来。这一举动，被担任游行大会主席的北大学生段锡朋所发觉，跑来阻止我们说：'我负不了责任！'匡互生毅然回答：'谁要你负责任！你也确实负不了责任。'"与此同时，另有学生发现了章宗祥，并痛打章宗祥。学生怎样发现章宗祥的，有两个说法，一种说法是

---

① 杨晦. 五四运动与北京大学 [M]//中国社会科学院中国近代史研究所. 五四运动回忆录（上）. 北京：中国社会科学出版社，1979：218-227.
霍玉厚. 在五四的洪流中 [M]//中国社会科学院中国近代史研究所. 五四运动回忆录（上）. 北京：中国社会科学出版社，1979：240-243.
② 匡互生. 五四运动纪实 [M]//北京师范大学校史资料室. 五四运动与北京高师. 北京：北京师范大学出版社，1984：3-23.
③ 周予同. 火烧赵家楼 [M]//北京师范大学校史资料室. 五四运动与北京高师. 北京：北京师范大学出版社，1984：32-38.

学生"在杂货铺的柜台下发现一个穿西装的中年人,有工学携带去的照片一对照,说这就是章贼,于是大家一拥而上,将他拳打脚踢一顿"①。另一种说法出自北大学生霍玉厚的回忆录,"真是冤家路窄,同学中有一个是章宗祥的同乡,认得他,就大喊:'这不是章宗祥吗?'他这一喊,中文系的黄显荣同学拿起砖头就掷向这个卖国贼,别人也围了上去,一顿拳打脚踢,把个章宗祥打得半死。"② 两种说法都有可能性,具体细节究竟怎样,由于目前当事人均已不在世,当时的场面也比较乱,已经不可考,而且文献记载出现歧义是正常的。但是,北高师的学生确实事先搞到了三人的照片,在现场拿出来对证是有可能的。北大学生有章宗祥的同乡,也是有可能的,但是北大学生与章宗祥显然有不小的年龄差距,章宗祥又常年在外做官,北大学生则在外求学,相遇并相识的概率并不是很高,但可能性是存在。因此,前一个说法显然更可靠。

五四学生游行在转向赵家楼并进入曹宅后,就已经改变了大会本来预计的和平游行的性质,火烧赵家楼和痛打章贼则到达事件的高潮,这种激烈行动模式显然影响着后来事件的走向。由于32名参加示威的学生被捕,北京学生的愤怒更加高涨起来,不再采取相对温和的抗议方式,而是决定5月5日总罢课,并成立北京中等以上学校学生联合会,北京高等师范大学和北京大学的学生共同起草了联合会的组织大纲,并

---

① 周予同. 火烧赵家楼 [M] //北京师范大学校史资料室. 五四运动与北京高师. 北京:北京师范大学出版社,1984:32-38. 关于谁点燃的火,北大学生杨晦的回忆录云,火怎么起的,始终没有弄清楚。也就是说作为北大学生的杨晦没有亲自参与点火,亦为目睹,可知其并不清楚放火的计划。许德珩的回忆录亦对此情节一带而过,可知也不知情。可说明北大学生知道有火烧一事是在火已经着起来以后,提前返校的则更是在事后听说的。

② 霍玉厚. 在五四洪流中 [M] //中国社会科学院中国近代史研究所. 五四运动回忆录(上). 北京:中国社会科学出版社,1979:240-243.

联络了各校学生。同时决定5月7日再次举行游行示威，抗议北洋政府非法逮捕学生。之后，为了反对北洋政府对学生活动的高压政策，学生活动越发激烈。5月19日，"北京学联就决定派代表到南方各地去扩大宣传"。6月1日北京学联又决定采取加倍的方式派学生外出举行露天讲演，如果学生被捕第二天就加倍派人出去演讲，宣传新思想，发动群众。结果，北洋政府大肆逮捕学生，北大法科成了临时监狱，到6月3日已经人满为患。北洋政府的残暴镇压，终于激起了全国人民的愤怒，最终酿成全国规模的罢工、罢市、罢课的政治行动，使得北洋政府不得不罢免曹汝霖、章宗祥、陆宗舆三人，并拒绝在巴黎和约上签字。五四学生运动在全国人民的支援下，最终取得了伟大的胜利。

从上面的叙述可以看出，正是北高师学生事先策划的行动模式——激烈的行动，深刻地影响了五四事件后来的走向，使得事件不断地走向高涨。正如周予同所言："五四运动产生在五月四日，而不在五七、五九或其他的日子发动，五四运动有暴动的性质而不是以往一般的请愿示威，这几个五四前夕的小组会议是有密切的关系的。"[①] 正是在北高师学生激烈的行动影响下，事件不但演变成全国规模的政治行动，改变了中国的屈辱外交行动，而且北京学生在激昂情绪的导引下，走出校园，与工农结合，则更是赋予五四运动全新的意义。对此，甚至连海外学者都清晰地看到了，北京学生"开始与广大没有文化的大众建立了更密切的联系，并且赢得了新工商业者城市工人的强有力的支持。这样学生的新思想便以预想不到的程度在各个城市传播开来。古老的文明开始龟

---

① 周予同. 五四回忆片段［M］//中国社会科学院中国近代史研究所. 五四运动回忆录（上）. 北京：中国社会科学出版社，1979：265-268.

裂，新的社会政治发展开始启动"①。

三、北高师成为五四运动策源地的原因

北高师之所以能够对五四运动的策动做出突出贡献，与北高师深厚的革命传统和新文化积淀有重要关系。

北高师的前身是 1902 年复建的京师大学堂的师范馆。京师大学堂虽然创建于 1898 年，但到 1898 年 12 月 31 日正式开学时，已经是戊戌政变之后，在管学大臣、保守官僚孙家鼐等人的管理下，学校充斥着浓重的封建教育气息，"兢兢以圣经理学诏学者，日悬《近思录》、朱子《小学》二书以为的"②。京师大学堂 1902 年复建后，新任官学大臣张百熙对此并不以为然，他决心从头做起，建设一所真正现代意义上的大学。

张百熙是清统治阶级中思想趋新的高层官员，在戊戌维新期间曾因举荐康有为而被革职留任。其后清廷举办新政，他又上书倡言改革。因此，他认为"今日而再议举办大学堂，非徒整顿所能见功，实赖开拓以为要务，断非因仍旧制，敷衍外观所能收效者也。……今日中国若议救败图存，舍此竟无办法，如使成规坐隳，收效无从。臣一身不足惜，所恐上无以对圣朝，下无以塞群望，见轻外人，更伤国体，成败之故，罔不随之"③。也就是说虽然是复建，但是必须以开拓的态度对待，并

---

① 周策纵. 五四运动——现代中国的思想革命 [M]. 周子平，彭吉兴，金来顺，等译. 南京：江苏人民出版社，1999：122.
② 喻长霖. 京师大学堂严格略 [M]//朱有瓛. 中国近代学制史料（第一辑下册）. 上海：华东师范大学出版社，1986：683.
③ 张百熙. 奏办京师大学堂情形疏 [M]//璩鑫圭，童富男. 中国近代教育史资料汇编——教育思想. 上海：上海教育出版社，2007：431-432.

且要有舍身赴义的精神，否则将一事无成。为此，在学校用人上他力主延揽头脑较新的人担任教席，"招选学生，以国学和东西文有根底者为录取标准，以便容易研究科学"①。他宽容新思想在校园中的传播："壬寅冬，开校招考，甄拔多绩学之士，各省才俊一时并集。新奇环伟之风气，诡异之服饰，潮涌于京师，且集于马神庙一隅。梁启超撰《新民丛报》于日本，激发民气，国内披靡，大学生徒益发扬蹈厉。"②

由于有这样的校园气氛，加之国事日坏的刺激和革命思想的传播，京师大学堂学生的思想日益革命化。在京师大学堂复建第一年设立的速成科两馆——师范馆和仕学馆中，师范馆学生的素质尤为突出。师范馆头班生俞同奎在回忆学生生涯时曾说，师范馆学生"对于朝政得失、外交是非和社会上一般社会风俗的好坏，都喜欢研究讨论，热闹非凡。有几位特别能演说的同学尤喜作讲演式的谈话。每天功课完毕，南北楼③常开辩论会，热闹非常。高谈阔论，旁征博引，有时候甚至争得面红耳赤，大有诸葛在隆中，抵掌谈天下事的风度"④。

因此，在京师大学堂刚刚复建后不久，学生就在师范馆学生的主导下，以战斗的姿态投入拒俄运动中了。1903年4月27日，上海人民首先在张园集会，声讨沙俄霸占中国东北的侵略行径，揭开了拒俄运动序幕。仅仅隔了三天，即4月30日，京师大学堂师生200余人"鸣钟上

---

① 俞同奎.四十六年前我考进母校的经验［M］//陈学恂.中国近代教育史教学参考资料（上册）.北京：人民教育出版社，1986：460.
② 罗惇曧.京师大学堂成立记［M］//陈学恂.中国近代教育史教学参考资料（上册）.北京：人民教育出版社，1986：457.
③ 据师范馆第一班最早一批学生邹树文回忆，师范馆学生住马神庙南北楼，仕学馆学生住十二帘。邹树文.北京大学最早期的回忆［M］//朱有瓛.中国近代学制史料（第二辑上册）.上海：华东师范大学出版社，1987：959.
④ 俞同奎.四十六年前我考进母校的经验［M］//陈学恂.中国近代教育史教学参考资料（上册）.北京：人民教育出版社，1986：462.

堂",集会声讨沙俄的侵略。会上,数十人发表了慷慨激昂的演讲,强烈要求清政府拒绝沙俄的无理要求。会后,师范馆学生谷钟秀执笔起草了《京师大学堂师范馆、仕学馆学生上书管学大臣代奏拒俄书》,愤怒揭露沙俄的侵略本性及其对中国国家和国土安全的严重威胁,并且大义凛然地说"国家之设学也,专以养成忠君爱国之思想为目的,今当危急存亡之秋,间不容发",因此,我们不能"不言而坐视瓜分之惨"。在这份代奏书上签名的京师大学堂学生共73人,其中师范馆学生67人,仕学馆仅6人[①]。由此可知,师范馆学生是促成上书的主力军。

即使已经联合上书,师范馆学生仍然认为碍于仕学馆某些保守势力,联合上书所言并不能痛快淋漓地表达师范馆学生的诉求。于是,师范馆学生又单独上《京师大学堂师范馆全班学生请政务处代奏书》,其措辞更加激烈:"夫以皇太后、皇上之明圣,加以政府诸臣之老成,计周虑密,何烦生等喋喋哉?然生等皆国民之一分子,有报效国家之责任,平居窃叹,念国制之抢攘如此,列国之强横又如彼,故不避斧钺之诛,冒渎上陈。"[②]话语中贯穿的"国民"而非"臣民""国家""朝廷"等字眼,彰显了师范馆学生鲜明的现代民权意识和国家观念,亦彰显了师范馆学生对国家民族命运的殷切关怀,以及为了国家民族利益不惧牺牲的英勇气概。其后,为了抗议清政府镇压学生运动的高压政策,不少爱国学生甚至退学表示抗议,在联合上书中签名的师范馆学生

[①] 京师大学堂师范、仕学两馆学生上管学大臣请代奏拒俄书[M]//中国社会科学院中国近代史研究所,中华民国研究室.中华民国史资料丛稿:拒俄运动(1901—1905).北京:中国社会科学出版社,1979.

[②] 京师大学堂师范、仕学两馆学生上管学大臣请代奏拒俄书[M]//中国社会科学院中国近代史研究所,中华民国研究室.中华民国史资料丛稿:拒俄运动(1901—1905).北京:中国社会科学出版社,1979.

丁作霖甚至奔赴关外，组织"抗俄铁血会"①，直接参与到抗击沙俄侵略的武装斗争中去了。

师范馆学生主导下的京师大学堂学生的爱国斗争产生了广泛的社会影响，各省学堂师生纷起响应，许多学堂的学生也"停课会议"，积极声援。以孙中山为首的资产阶级革命派也高度关注京师大学堂学生的斗争，给予了高度评价，认为北京学生的运动如同十八世纪和十九世纪欧洲的学生运动，将照耀二十世纪之历史，为先人雪耻，壮大我汉人之声色②。

北高师的精神传统，还表现在北高师学生对辛亥革命的崇敬上。1926年，匡互生在总结五四运动发生的原因时，特别提到了"革命暗示的残留"③，"当时在北京读书的学生，大多数是满清末年和民国初年中小学的学生。凡满清末年一切烈士的侠烈行为和伟大事迹，这时候的中小学学生都有一种很深的印象。其中甚至还有直接受过这些烈士的教育并且曾经参加过革命运动的。自民国成立到五四运动，为时不过七年多一点。这时的环境既如上述，其险恶正不亚于满清末年，而所谓'革命之声'却又'寂嫣无闻'。那些受过革命教育和参与过革命运动的学生，亲眼看见这种情形，抚今思昔，就大有一代不如一代之感。于是反躬自问，就觉得'责无旁贷'，不能不有所动作了"④。匡互生本人

---

① 丁开嶂. 丁开嶂革命事迹［M］//中国社会科学院中国近代史研究所，中华民国研究室. 中华民国史资料丛稿：拒俄运动（1901—1905）. 北京：中国社会科学出版社，1979：240-241.

② 自然生（张继）. 祝北京大学堂学生［M］//刘勇，李怡. 中国现代文学编年史（1895—1949）：第1卷. 北京：文化艺术出版社，2015：203.

③ 匡互生. 五四运动纪实［M］//北京师范大学校史资料室. 五四运动与北京高师. 北京师范大学出版社，1984：3-23.

④ 匡互生. 五四运动纪实［M］//北京师范大学校史资料室. 五四运动与北京高师. 北京：北京师范大学出版社，1984：3-23.

就曾积极参加过辛亥革命湖南长沙攻打巡抚衙门的战斗，深受革命的熏陶。他后来之所以能慨然写下遗书，慷慨赴死，无畏死亡而成为打进曹宅的第一人，显然与此种经历有关，也与他对辛亥先烈的崇敬有关。丁作霖也曾仿效孙中山的革命行动，组织北方革命军，投入推翻清政府的革命洪流中。① 与匡互生、丁作霖等人有同样思想的学生在北高师学生中并不罕见，譬如工学会等小组织中就有很多，他们几乎都是因为有同样的抱负才走到一起来的，并且都对赴死淡然处之，写遗书以表示与国家同命运态度的学生并非一人。

北高师能够成为五四运动的策源地之一，还与五四新文化思想的熏陶以及马列主义的广泛传播有关。前已叙及，实际上早在师范馆成立后，师范馆的学生就是社会上最先进思潮的追捧者。那时中国社会中最具前瞻性，又影响广泛的思想是梁启超通过《新民丛报》宣扬的"国民""民权"等思想，加之梁启超饱蘸感情的述说，以及辛勤劳作的高产，为社会提供了大量前人所没有提供过的新思想，因而影响了一大批年轻人。师范馆的学生就是其最忠实的拥趸和《新民丛报》的忠实读者，深受其新民说的影响。以后，随着《新青年》的创办，新文化运动拉开序幕，北高师又成为新文化思想的传播阵地。新文化运动的主将都与北高师有或这样或那样的密切关系。其中关系最密切的是新文化运动主将之一、北高师教授钱玄同。他不仅参与《新青年》的编辑工作，在思想启蒙、白话文运动和国语运动等方面提出了一系列新主张，而且在北高师校内刊物上发表文章，启发学生。他要学生追求真理，不要迎合旧义，并引导学生走出书斋去改造社会，"学校里学了契合真理的学

---

① 丁开嶂革命事迹［M］//中国社会科学院中国近代史研究所、中华民国研究室. 中华民国史资料丛稿：拒俄运动（1901—1905）. 中国社会科学出版社，1979：241.

问,做成合法适用的文章,拿来改良社会,这才是正当的办法"①。他的新思想感染和启发了学生,受到了学生的衷心拥戴,因此他被学生称为"我们心里最佩服的教授"②。新文化运动的主将李大钊、陈独秀、蔡元培等人也曾多次来北高师演讲或者讲课。他们的宣传深刻影响了北高师学生的思想。比如五四事件的主要先锋之一、上文多次提到的周予同就曾在回忆录中说:"有些提出新文化的著名人物,也来高师兼课。我读大学不久,便成为'德赛二先生'的热情拥护者。"③ 在这些新思想的影响下,北高师成为除北京大学之外北京地区乃至全国高校中风气最开通的学校。北高师在这些新思想的激励下成为五四运动的策源地之一也就不奇怪了。

总之,北高师之所以成为五四运动的策源地之一,并非空穴来风,或者一时激情之措,亦非一蹴而就之事,而是深厚的新思想、新文化的滋养和革命传统熏陶的结果。

换言之,五四学生爱国运动的策动,北高师的学生发挥了关键性作用,在游行时间的确定上、游行路线的走向上、游行模式的确定上都发挥了至关重要的导向作用。作为实际行动者,北高师学生还高扬"坚韧不拔、敢为人先"的时代精神,在学生游行的行动中发挥了杰出的先锋作用。因此,对于五四爱国学生运动的最全面的表达应当是:北京师范大学的前身北京高等师范大学和北京大学一道,为五四运动的策动和发展共同发挥了至关重要的核心作用。正如北京大学校长许智宏在北

---

① 钱玄同. 施行教育不可迎合旧社会 [J]. 北京高等学校周刊,1919.
② 周谷城. 五四时期的北京高师 [M]//北京师范大学校史资料室. 五四运动与北京高师. 北京:北京师范大学出版社,1984:175-181.
③ 周予同. 火烧赵家楼 [M]//北京师范大学校史资料室. 五四运动与北京高师. 北京:北京师范大学出版社,1984:32-38.

京师范大学纪念建校 100 周年大会上的致辞中所说的，北京大学和北京师范大学"有着百年同根的血脉联系"，"12 月 17 日，京师大学堂举行第一次入学典礼，这一天在后来很长的一段时间里一直是北大和随后独立出来的北师大的共同校庆日。由于有着这样一种特殊血缘关系。1908年师范馆独立建校后，我们两校在'五四运动''一二·九运动'等历次民族危亡之际，同呼吸、共命运，相互支持、相互砥砺，为争取民族独立、国家富强、人民民主，精诚团结，英勇奋斗，共同谱写大量可歌可泣、光耀千秋的革命业绩；在学术和文化交流方面，以李大钊、鲁迅、钱玄同为代表的一大批革命家、思想家和著名学者曾是两校共同拥有的宝贵财富，他们共同传承两校百年学术之命脉，树立两校代代教化之丰碑。"①

---

① 北京市教育委员会. 北京教育年鉴（2003）[M]. 北京：开明出版社，2004：9.

五四时期北高师的学生担当与学校发展

——以1920年"北高师改并北大之议"为考察中心

周慧梅

（北京师范大学 教育学部）

摘要：青年学子受五四风潮影响，对学校发展有着"舍我其谁"的自然担当，在1920年"北高师改并北大之议"中，该议论传出不仅激化了北高师学生对新任校长陶孟和的强烈抵制，将战火延伸至北京大学蔡元培校长的私人代表蒋梦麟身上，北高师与教育部就校长人选陷入僵局；更引发中国高师制度向何处走的时代争论，形成合并与联络两大阵营，为之后"高师改大"走向埋下伏笔。该议论的出现，不仅交织着派系争斗，还隐藏着"以日为师"与"以美为师"域外观念在中国本土教师培养方式的博弈，更彰显出五四时期的青年学生对学校发展的责任担当。

关键词：高师改组；青年学生；社会担当；五四精神

"教育（师范）系科近几年在中国大学上演了一场生存还是灭亡的悲喜大剧，其情节反转之快令人惊愕不已……清华、北大等顶尖大学会在师范教育上有所表现吗？这就涉及综合性大学、教育和师范系科的性质与地位问题了。"文章针对近五年来综合性大学师范学科建制反复多变的局面，从学科评估、教育政策、学生就业等方面予以解读，对教育学科的性质及地位变化，综合性大学、师范院校办师范价值予以追问。随后，《光明日报》推出记者陈鹏专题报道《综合性大学办师范如何走出窘境》，邀请国内数位专家对当下教师培养模式把脉问诊，综合性大学办师范、教师招聘市场趋向、"综合性"和"师范性"冲突等老问题在2019年年末再一次成为关注焦点。师范大学与综合大学培养教师孰优孰劣、"师范性"与"学术性"的争论，历经百年仍热度不减，教师招聘市场青睐综合性大学毕业生、综合性大学办师范教育等新闻报道一次次将这个争论推向高潮。显而易见，中国教师培养模式应如何构建、中国师范教育应走向何方，这个跨度百年的老问题，至今依然方兴未艾。

实际上，早在1920年北京高等师范学校（以下简称"北高师"）的校长风潮中，"北高师改并北大之议"便开启这个跨世纪问题的讨论。北高师校长风潮因校长陈宝泉辞职、教育部委任北京大学教授陶孟和接任而起，因该风潮不仅牵涉北大、北高师两大名校，还涉及陈宝泉、陶孟和、蒋梦麟、范源濂、蔡元培、马叙伦、黄炎培等众多教育界名流，学界对此次风潮已有丰硕成果[1]，这些研究成果多聚焦于派系之争、教育界复杂的人事关系，甚少注意到该议论背后"以日为师"与"以美为师"域外观念在中国本土教师培养方式的新旧传统博弈，更遑论陈宝泉给予"两校联络办法"对中国师范教育制度向何处走的跨时

---

[1] 代表性的成果有：李兴韵《杜威、孟禄访华与中国高等教育界的派别纷争》，载《北京大学教育评论》2007年第4期；林辉锋《五四运动后至北伐战争前夕的教育界风潮——以马叙伦的经历为视角的考察》，载《中山大学学报（哲学社会科学版）》2010年第1期；林辉锋、孙思琪《钱玄同笔下的1920年北高师校长风潮——兼论五四后至北伐前夕的校长风潮》，载《北京大学教育评论》2018年第3期；钟明浩《江苏教育会与民国教育界的南北争竞（1919—1927）》，载《教育学报》2019年第4期。

代历史价值。有鉴于此,笔者以1920年11月至12月期间报刊舆论、时人日记、回忆录、档案等为资料谱系,对北高师校长风潮中"北高师改并北大之议"始末予以详细梳理,分析该议论如何为之后的"高师改大"走向埋下伏笔,揭示北高师校长风潮所呈现的另一种历史面向。

一、挽陈拒陶:北高师改并流言的发酵

在1920年北高师校长风潮中,"北高师改并北大之议"一经流出,宛如烈火烹油,瞬时引爆了北高师师生以及学界的某种情愫,学生们更为坚决挽留辞职校长陈宝泉,强烈抵制新任校长陶孟和,并将战火延伸至北京大学校长蔡元培的私人代表蒋梦麟身上。北高师改并的流言迅速发酵为"某系某派"阴谋论,错综复杂的利益关系相互缠绕,江苏省教育会、黄炎培、章门弟子以及马叙伦等均先后被牵涉其中,几经波折之后,北高师原校长陈宝泉留任未果,来自北大的新校长陶孟和亦未成功接任,北高师校长一职陷入无人出任之僵局,校长风潮声势进一步加剧。

1920年11月22日,北高师校长陈宝泉向教育部提交辞呈,次日教育部发布赖令,批准陈宝泉辞去北高师校长职务,遗缺由北京大学教授陶孟和接任。[①] 11月24日一早,陶孟和专程登门拜访陈宝泉,陈氏"详述不得不辞职之理由,并言虽死不愿留职",并言称代陶孟和"已

[①] 陶孟和的正式任命书为11月26日以教育部第528号训令颁布,"兹委派陶孟和为国立北京高等师范学校校长仰即遵照此令"。部令:训令:第五百二十四号(九年十二月二十三日):令北京高等师范学校:委派陶孟和为国立北京高等师范学校校长[J]. 教育公报, 1921, 8 (1): 29, 6.

向职教员方面疏通就绪"。11月25日,陶孟和到北高师考察,此举引发该校学生的强烈情绪,该日即召开全体学生大会,决定由各班代表组织"挽留陈校长委员会"(以下简称"挽陈委员会"),坚请教育总长范源濂收回成命,并写信给陶孟和劝其离去。火上浇油的是,次日教育部颁发第528号训令,正式"委派陶孟和为国立北高师师范学校校长",学生情绪更为激烈,一面派学生代表分批迭至陈宝泉寓所苦苦挽留,一面利用各种资源扩大舆论,寻求外界支持。远在上海的报刊迅速行动起来,以揭秘的方式密切关注时态进展,《民国日报》刊出《北高师之更换校长潮》一文,文中称北高师学生全员大会将陈宝泉辞职原因归咎于外部因素,除东洋派教员反对改革外,另一条便是"某系某派欲肆其垄断野心而起","挽陈委员会"决定以油印宣传单方式,向各界揭露某省教育会某某系之野心。经过一天时间发酵,当事人之一陈宝泉于11月28日在北京当地影响较大的报刊《晨报》上发表声明,对自己辞职原因予以解释。陈氏首先肯定民初聘请东洋派教员做法的正确性,并对当时社会和北高师学生要求提高北高师教育程度的主张表示认同,并表示曾为此积极奔走,即宝泉六年在全国教育联合会中,亦与邓芝园先生共同提出改高等师范为师范大学的议案。此种潮流所趋,做北高师校长的,能够不赞成吗?陈氏坚称:"不过赞成高师改良为一事,校长辞职又为一事",两者不能混同。随后,陈宝泉表明了辞职的原因,陈氏认为自己没有改良北高师的资格,从资格能力上不能满足组织师范大学的重任,紧接着话锋一转,与北京大学的关系问题成为焦点:

> 况且本校要改组师范大学,必须与北京大学联络。孤立的高级师范甚少。且我国中央财政支出,北京一个地方,亦断办不起两个分科大学,宝泉资格学问如此,改革必不能彻底。若

仍充校长，北京大学断不肯合我校联络。宝泉不去，是因为一人的恋位，耽误全校学生向上的机会，问良心能过得去吗？诸生留宝泉做校长，是无异留宝泉坐针毡了。

因此，为了有利于改组为师范大学，陈氏必须辞职，此外还有身体原因以及维护范总长的威严等两点考虑。① 陈宝泉呼吁学生"取消挽留这个念头，不至耽误学校进步，要紧要紧"。宣言书处处透着"被迫恳辞"的无奈。陈宝泉在宣言中的结尾，专门强调他所说的三个辞职原因是"字字可以负责任的。此外以讹传讹的语言，无论得之他人的口述或笔录，宝泉是一概不负责任的"。此宣言一出，不仅没有消除外界对陈氏辞职内幕的种种猜测②，反而使得北高师学生群情更为激愤，另一个当事人陶孟和亦称"形势更趋于复杂"。同日，《民国日报》刊登《北高师留陈之坚决》，将北高师"挽陈委员会"三条决议公布于众："（1）发表宣言，说明反对某系某派教员，乃学生全体之主张；（2）派代表请北大代理校长蒋梦麟劝陈筱庄打消辞意，并说明该校学生挽留陈

---

① 宣言书中称："……第二改良高师，要有改良高师的体例，宝泉外表虽若强健，其时两年来患重病两次，已伏心脑病的病根。前次从美国归来，敢于就职的，因为高师是旧日经营的事业，不至大费气力。不料两月以来，风波迭起，左右支出，虽疲精敝神，勉强敷衍了结，已经显出失眠心跳的病象来，若再做下去，是必要牺牲性命的。假如宝泉有改良高师的全才性命亦所不惜，如以上种种，白白送掉性命，这太不值得了。……第三教育部令不能收回成命，宝泉辞职，是在一月以前，教育总长亦是再三挽留，此次照准的缘故，因为宝泉以出京相要求，才批准的。今又听诸生挽留的话，取消前议，是同教育总长开玩笑，教他失去教育部尊严。"高师校长陈宝泉辞职之宣言书［N］. 晨报，1920-11-28（06）.
② 《申报》曾发表白素署名文章，文中称"高师风潮，在二日前，学生方面一致主张挽留，乃陈筱庄君辞意甚坚，除师范改为大学外，无转圜余地，并于昨夜发出宣言书一通，以'师范改并''暗潮甚烈''身体羸弱'为理由，其言外尚有苦衷，当指外面之攻击也。凡校长辞职，教职员总有一种之表示，而此种表示未曾发见于高师校之教职员，此甚可玩味者也"。白素. 北高师风潮近讯［N］. 申报，1920-12-01（06）.

氏之决心；（3）派代表赴教部说明挽留陈氏之决心，如教部不许，将仍以罢课为最后表示。"

面对学生们的强硬态度以及陈宝泉"为学校发展计"不惜牺牲自我的言辞，新任校长陶孟和不得不借《晨报》记者访谈之机，爆料陈宝泉辞职另有隐情："其一因学生攻击东洋派教员，陈筱庄曾为我言，言彼从前所聘教员，皆为东京高师毕业，十余年旧交，现在皆为学生排斥而去，彼实无颜留职。其二因学生决议将该校改为师范大学，陈以此商之教育部，教育部以一城内不能有两大学，如必欲改为大学只有合并北京大学一途。因此陈屡次向教育部辞职。"按照陶氏说法，教育部之所以派其接任校长，主要目的在于整顿师范教育，而非陈宝泉"北大断不可合我校联络"，而陈宝泉辞职主因是反对教育部"北高师与北大合并"。两个当事人就辞职原因各执一词，北高师与北大的关系问题是焦点所在。

陶孟和的解释不仅没有平息事端，反而适得其反。学生们从他的解释中，敏锐捕捉到"北高师改并北大之议"信息，为之前"某籍某系欲吞并北高师"猜测找到答案，北高师学生更为坚定，继续发表宣言，加大"挽陈拒陶"活动。① 陶氏称"挽陈委员会""曾以全体学生名义，来书四次，阻止就职"，"昨（11 月 29 日，笔者注）闻发布电，更攻击及孟和之身"。在各方面压力之下，11 月 30 日，陶孟和正式向教

---

① 《民国日报》《申报》在 12 月初相关报道中可与陶孟和说法相互佐证。如 12 月 3 日《民国日报》报道北高师学生为挽留陈宝泉，一边以曝光陶氏劣迹相威胁来逼迫其辞职（"为保全陶孟和之名誉起见，暂不宣布其劣迹，促之辞职"），一边发表公开宣言，宣称将"以全副精神，揭出某省、某教育会、某某系垄断教育之野心"。面对北高师学生的激烈反对，"中华民国"学生联合会总会予以声援，以总会名义分别致电陶孟和和陈宝泉，请求陶氏自行辞去北高师校长，希望陈宝泉复职。北高师学生坚留陈宝泉［N］.民国日报（上海），1920-12-03（06）；学生总会为北高师校长问题电［N］.申报，1920-12-09（10）.

育部辞职,"八百学子以部中有更迭校长之令,竟至群情激愤,众口咻咻。殊非孟和初料之所及,且该校学生指日即将出执教鞭,若坐视其因此废学,以宝贵之光阴,全用之于挽留拒绝之运动,非特孟和之所不忍,抑或教育前途之大幸。……今谨将原部令缴回辞职,还我书生面目,俾得与北大同人更致力于学问,以免学识肤浅之讥"。随即赴津避居。但舆论并未因此而平息,由于之前江苏省教育会诸多要员积极参与挽留蔡元培回北大任职的具体运作,最终该会骨干成员蒋梦麟以蔡元培私人代表的身份代理校长的"留蔡助蒋"先例,加上陶孟和北大教授的出身,北高师学生及学界不由将北高师校长风潮聚焦到"某籍某系"问题上,矛头直指江苏省教育会骨干、北大代理校长蒋梦麟,北大欲吞并北高师、蒋梦麟为主谋等舆论尘嚣其上,江苏省教育会、北京大学、章门弟子以及马叙伦等都被牵涉进来,事态进一步复杂化,矛头指向北大。

二、舆论公关:蒋梦麟、陈宝泉及范源濂的公开信

面对"北大合并北高师""某教育会某学阀欲吞噬高师"等舆论发酵,自任北大代表的蒋梦麟予以反击。"既有汇矢于麟之人,自不能任其颠倒黑白,不加辩证,愿公布事实,藉明真相。"从时间节点看,陶孟和向教育部辞职当天,他挥笔写下《蒋梦麟致陈宝泉先生书》一文,对此事进行申辩。他首先就时下"行诸笔墨""布诸口舌"中的流言予以澄清,"谓先生之辞职为某教育会某学阀之欲吞噬高师及某系之逼迫而然,而传闻竟有谓江苏省教育会欲并吞北高而麟主谋者"等言论,斥为"事迹离奇""百索莫解"。在信中,他直言"北高师归并北大之议,事实上曾有之",但提出此议并非北大中人,而是陈宝泉。他铺陈细节,还原陈宝泉提出合并之议的场景及自己当时的态度:

先生曾记忆当先生向教育部表示辞职后之某日北京专门以上校长公谒范总长后，先生邀麟至镒昌饭店吃茶之时乎？彼时先生曾将北大与高师合并之议商诸麟，并嘱麟为转达范总长。谈约半小时之久，别后麟以此时关系部定学制并北大组织，况蔡先生赴湘未回，更未便负此重责，故次日见范总长时，未将此事提及。数日后赴部，范总长谓麟曰："筱庄对我谈及，欲将高师归并北大，此事部里办不到。"麟答曰："蔡先生即将赴法，即使部里办得到，我个人恐怕负不起这种重任，现在北大一校事务已极繁重，若加以高师，精力不够。"此事遂作罢论。是麟对于先生提出北高归并北大之议，初即居于反对地位也。

在信中，蒋梦麟提及教育总长范源濂不同意北高师归并北大，他自身因精力难以兼顾持反对态度，且北京大学校长蔡元培亦不赞同。① 蒋氏认为在这种情况下陈宝泉改变策略，将"归并"改为"联络"，以此赢得蔡氏态度转变，本着"帮忙"原则，蔡元培不仅忽略蒋梦麟对陈宝泉"改归并为联络之后犹未表赞同"的反对态度，更答应陈宝泉"此事须秘密"要求，否定蒋氏"我们北大可以开评议会讨论"提议，改为"请几位同事谈一谈"。但讨论结果并非陈氏所愿，"以两校性质不同，办法不同，不易联络"，决定参酌美国哥伦比亚大学办法，北京大学先办理一所教育学院，北高师学生毕业后可入该院三年级"补习不足科目及自由进修大学各系科目，两年毕业授予教育学士学位"，并

---

① 蔡先生谓麟曰："归并之议我亦不赞成。但筱庄说现在只要联络不要归并，此事我们终要帮他的忙。"是此时先生始改合并之议为联络，麟当时犹持异议，谓联络如何办法，须详细讨论。蒋梦麟. 高师校长风潮与蒋梦麟：说明北高师事件经过之事实致陈宝泉先生书[N]. 晨报，1920-12-04.

以此为根据拟定办法数条。蒋梦麟再三强调该办法是应陈宝泉请求"北大提出之办法",且经陈氏再三确认"甚为妥洽",才在范源濂授意下由北大呈文教育部办理教育学院。至于委派陶孟和担任北高师新校长,蒋梦麟声称陈宝泉亦是知情人,范总长曾征得陈氏同意方才委派。"合并之议,实先生倡之于前,北大提议亦先生要求所得,新校长之委任,先生复参与其间。此事经三而再四磋商其议始定,先生始终主持其间并始终主张秘密,故外间于此事多不明真相。"蒋梦麟以此为据,问罪陈宝泉,"麟于此事,始则完全反对,继则勉强参预,事实如此而指为吞噬北高之人。然则先生之创议于前,坚请在后,为此事之主动者,不知又将得何罪名"。很明显,蒋梦麟这番申辩试图摆脱北大与陈宝泉"高师改大"之间的干系,并将"北高合并北大之议"引发的乱局归咎于陈宝泉。

按照信中所言,对于参酌哥伦比亚大学教育学院先例来处理北高师与北大之间的关系,毕业于该校的蒋梦麟态度前后矛盾,陈宝泉提出时他坚决反对,"彼时麟曾谓高师校长而谓高师不能独立,则其独不能独立可知",但后来北大给出的意见援引该校先例获得通过。与他一再申明对"合并""联络"迟疑态度形成鲜明对比,是他对北高师校长更迭的反应迅速。信中称范总长11月19日下午五时私下交代其要"赶紧预备呈文",原因是"筱庄辞职,不知多少次",教育部"遂有先派校长之议",蒋梦麟则应范总长嘱咐,于11月21日"劝驾"陶孟和出任北高师新校长,并在陶孟和遭遇北高师学生力拒出师不利之时,加以援手。钱玄同致周作人信函(11月28日)中,亦透露陶氏受阻后专门找蒋梦麟、马叙伦商量如何接盘的说法,佐证了蒋梦麟对北高师校长更迭的积极态度。

对于蒋梦麟的公开申辩,陈宝泉分两步予以回应。他首先在《晨报》发表致信北高师学生公开信,称已复函蒋氏公开信,但"文未留

157

单，无从宣布"，但对蒋文有两点需要予以澄清："一宣言书第一条案文义解释，系推论之辞，决无被压迫之意义；二泉所主张者两校联络，非主张归并而已。兹开送联络办法八条，即泉前所提出于部中会议时交蒋先生者"，并非蒋氏所言北大教练讨论会结果。对于北高师学生印发出版物揭露举动，陈宝泉自称极不赞同，原因无他，"北京学校规模较大者，不过数校，主持校务者，不过数人。若长此内讧，必致使教育前途生莫大之危险。诸君常恶政客之云扰，若教育界亦复如此，中国前途尚有望乎"。至于北高师与北大两校联络之建议，陈氏坦诚自己"实为主持之一人，并非人家之欲吞并"，至于"某籍某系"欲吞噬北高师阴谋，"至某教育会学阀等语，泉更不知所谓，诸君何必出此，使破坏教育者有所借口乎？"陈宝泉表达了尽快平息事端的态度："泉为去职之人，对于学生并无管理之责，惟相处数年，不无几分情谊，不得不少尽忠告。诸君如爱泉者，今后应停止此种印刷物，否则，泉并调停之义务，亦不能尽矣。"次日，《晨报》刊登陈宝泉《北大与高师联络之原案》一文，披露两校联络办法八条。① 陈氏称"以上八条，即《晨报》所登蒋梦麟先生来函所谓提出联络办法数条者，兹将披露，以供研究。至蒋先生原函，间有误记之点，已向蒋先生答复矣"。两步回应

---

① 原案如下：一、高师改称师范大学，内分两部，一高等师范部（四年）。二大学部（二年）；二、北大高师二校，取入学生之程度，须彼此平等，(a) 二校协同组织入学考试委员会；(b) 边省学生外国语不及格者（其他科目均能及格），高师应酌设外国语补习班，但五年以后，须废除此种办法。三、第一、第二年级外国语课程，比照大学预科程度教授：(a) 第一、第二学年全体学生，均学外国语一门，至第三、第四学年，凡欲入大学专科者，须习第二外国语。四、高师大学部生，除本校所规定教育科目外，得向北大选习各科科目，北大本科第三年以上学生，亦得向本校选习教育科目。其每学年之学分，应合并计算。五、大学部学生，均系自费，唯本校应酌设寄宿舍，寄宿者量收宿费。六、四年毕业者，给高师文凭，大学部毕业者，给教育学士学位；七、在两校充教员者，得称为教授或专任教员。八、对于高师毕业生使有提高程度之希望，如设夏期讲习会等。

彼此呼应，言简意赅，对蒋梦麟申辩中不实之词予以婉转回击。此时，处境尴尬的陈宝泉进退维谷，借诗文坦露心迹："人生烦恼徒自苦耳。"诗文后专门予以标注，"时正予高师校长退职时，因全校师生挽留，进退颇难"。

耐人寻味的是，蒋梦麟写于11月30日的公开信，却延迟数日，于12月3日方交给《晨报》，12月4日在该报及《北京大学日刊》"通信"栏目上同时刊登，推究起来，应是与陶孟和、范源濂回应相互呼应，相互配合的舆论布局。

12月2日，遭遇北高师学生阻击的陶孟和在《北京大学日刊》上专门刊登启事，称"启者孟和于上星期一得教育部委任为高师校长之令，今以该校学生挽留旧校长，拒绝继任者就职，已致辞职书于范静生总长矣"。同日，教育总长范源濂就北高师校长风潮问题对记者进行专门谈话，称"高师校长风潮，则由于一部分学生之误会"引发。在谈话中，首先澄清他与陈宝泉私交匪浅，"陈宝泉校长与余为旧交，且亦有余长教部时派往。此次余回部后，即欲陈校长回部帮忙"，接替张继煦出任安徽省教育厅厅长后留下的普通教育司司长之缺。"陈校长初虽未允，后则因经费困难，而又多病之故，故迭次辞职。余不得已而觅陶孟和为继任校长。盖因陶为日本高师学生，又曾赴美考察教育多年，意愿以为最适任之人物，不料高师学生疑陶为北京大学派，而谓北大有合并高师之心，其实高师为独立之学校，不但各国先例皆然，而我国高师亦不止北京一处，焉有合并于北大之理。即陶为北大派，两校联络，则或有之，决无所谓合并也。"谈话末尾，范源濂专门称自己"办事素秉大公，唯此次不见谅于高师少数学生，殊足令人灰心。现今陶已决然辞职，陈既不肯回任，陶如无慰留方法"。此种强调，应是顺便回应12月

1日《民国日报》上高竞侠的批评①。按照范氏说辞，北高师合并北大一说系无稽之谈，陶氏出任北高师校长或许可以加强两校联络。对比范氏与蒋梦麟、陈宝泉二人的公开言论，会发现三人对"北高师合并北大"说法有明显差异，局势更为扑朔迷离。

蒋梦麟的公开信在一些细节上确有不确之处。除陈宝泉强调的两处外，更为明显的是他强调"时间顺序"来力证自己无逼迫陈宝泉辞职之嫌，"麟于此事之关系，事实上系代表北大，就先生所请求各节，与先生商定办法。且先生辞职在前，先生之主张与北大合并联络在后，麟之承秉范总长、蔡校长与先生商定办法又在后。而外间不根之谈，谓麟为逼迫先生辞职，不论其根据之事实何在，时间顺序亦完全倒置"。蒋氏一再申明陈宝泉对陶孟和接任北高师校长一事知情，并声称陈氏曾写信讲陶氏是担任校长的妥当人选，但陈宝泉11月22日正式向教育部递交辞呈的时间节点，证明与蒋梦麟所说的时间顺序有抵牾之处。而反观三人公开信中（特别是陈宝泉的先后数封），陈氏自始至终均主张两校联络办学，而蒋氏所言北高师毕业生入三年级补习或进修之说辞，反给予"北高师合并北大"之口实。

三、意味深长的收尾：北高师改良之注意点

面对学生坚决抵制，教育总长范源濂不得不收回成命，12月18

---

① 高竞侠称："北庭教育部范源濂在就职时还说过几句漂亮话，从他就职到现在，有一两件事，可以证明比以前那个浑蛋好的吗？若单说不作恶便是个好的，本来教育总长比不得别部，要作恶也机会不多的，搬个傀儡上去，也决不作恶，然而能做傀儡，一样要拂逆学生意思，排斥高师挽留陈宝泉的呈文了。"高竞侠.犹吾大夫的范源濂［N］.民国日报，1920-12-01（06）.

日，教育部改派教育部参事邓萃英"兼代"北高师校长一职。[①] 邓氏曾先后留学日本（东京高等师范学校）、美国（哥伦比亚大学师范学院），1915年9月至1918年8月期间任北高师教育科教授，曾担任过教务主任，在美国留学期间还受陈宝泉委托为北高师代聘合适教员。无论北高师学生，抑或陈宝泉，从情感上与邓萃英都更为亲近，而对于校内教员中"东洋派""留美派"来讲，"邓萃英与留日派有旧交，与留美派有新谊，加上他的灵活与原则相结合的工作作风，很快得到双方的认可"。北高师校长风潮就此平息。

12月24日，邓氏到校履职并在风雨操场上发表就职演说，"我今天与诸同学聚首一堂，有两个矛盾的感触，一个是'不幸'，就是我上月出京，到了上海，学校中发生重大问题，种种忧患竟相逼而来，此层现不必多说；一个是'幸'，就是今天来到这里，高师还是旧日的高师，同学还是旧日的同学，同事亦大半还是旧日的同事，样样如常，并未改观"。"故人回归""感同身受"的开场白，赢得学生们的热烈回应。邓萃英向在场学生表达自己作为"兼代"校长的决心，"我虽不能永久在本校服务，但是在职一日，总负一日的责任，而且愿负由此一日行事所发生将来种种影响之责任"。他从高师之本旨、高师之分科趣旨及学修态度、高师之教育的精神、高师与各国之制度、高师与我国教育界需要五方面做铺垫，对北高师改良进步之注意点予以明确。邓萃英首先就社会上废止师范教育或师范教育不必单独设立等观点予以反驳，并特别强调哥伦比亚大学师范学院"实质上经济与办事，是完全独立的。该师范学院之所以有今日之隆盛，完全是独立之赐。这样看来，人家原

[①] 教育部发布第569号训令，"查本部前派直辖北京高等师范学校校长陶孟和辞不就职，业经令准派本部参事邓萃英暂行兼代该校校长职务"。部令：训令：第五百六十七号（九年十二月十八日）：令国立北京高等师范学校：派参事邓萃英暂代北京高师校长 [J]. 教育公报, 1921, 8 (1): 30, 6.

161

来是合的，因进步的缘故，渐渐分开独立。我们学校本来是独立的，反可以退步，失掉独立吗？"他强调就北高师来讲，"改革要拿自身做主，万不可应随着外力，做无意识的模仿"，并将之作为全体人员改革学校的根本要义，并要有一个宽大的态度、深远的眼光，"因为我们学校现今所处的孤立地位，固然外面负若干主任，但我们自己实在也不能辞其咎"，以人才为例，"我们应当以他的才能为去取，不应当以他留学什么地方为去取"。邓氏的这些主张，既是对教育总长范源濂"高师为独立之学校"的回应，又继续前校长陈宝泉未竟事业，奠定北高师独立设置作为改良方向的基调。

实际上，早在北高师与北大合并论争之前，1920年9月就有署名"云六"作者在《教育杂志》发文，历数中国效仿日本设置独立师范教育体制的弊端，认为高等师范学校的分科与大学、专门学校相近似，为了提高师资水平，应该废除高师体制，只需在大学增设师范部即可，"现在办理高师的一般东洋货，对于这种制度，因为自己出身所在，崇拜得'尊无二上'，我也不去怪他，独惜那般西洋留学生，也牢守着这种恶劣模型，在那里口讲指画，教导学生，他们要算是不懂天君的偶像了，但也不可一概抹杀，曾有一二美国毕业生，很想模仿哥伦比亚大学师范科的内容、一切设施，把现行制略略变通些，可是被部定章程束缚牵制，还是不能根本改善咳！好不可怜！"这番言论，为陈宝泉在10月改革北高师①的艰难做了注脚，陈宝泉的改革举措招致学校内部教职员

---

① 陈宝泉作为日本宏文师范毕业生，民国元年（1912）职掌北高师，仿照日本高师规程办理，在任期间聘请教员多为日本高师毕业生。1917年的全国教育联合会，陈宝泉与邓萃英联名提案，建议改高等师范为师范大学。1920年5月陈宝泉与袁希涛、金曾澄等人受教育部委派赴美考察教育，回国后，极力主张仿照美国哥伦比亚大学师范学院模式，改革北高师。为此，陈宝泉一方面聘请校内外对欧美教育素有研究的专家学者，组织"改良学则委员会"，希望"将本校旧制之缺点及改良之计划切实研究"；另一方面，向全校教职员和学生征求改良意见，以便对北高师实行彻底改革。高师改良计划［N］.京报，1920-10-20（03）.

的不满,学生亦因此分为两大阵营,"背后则涉及留美派与留东洋派的争夺",加上办学经费拖欠、学生自治会的强势,陈宝泉先后数次向教育部递交辞呈;前文陶氏、蒋氏均称陈宝泉因学生排斥东洋派而左右为难辞职。换句话讲,"在北高师改并北大之议"流出之前,对于陈宝泉的去留问题,北高师学生是有不同意见的,学生还将"东洋派诸教员反对改革学制"列为校长辞职原因,留日教员钱玄同谈及陈宝泉被驱赶仅用"此亦常事"一笔带过均为证明。但一旦涉及学校将被"某籍某系""吞噬"消息,加上蒋梦麟的积极参与,顿时激起北高师内部的同仇敌忾舆论,12月1日,北高师学生在《大公报》(长沙)发表声明,称此次校长陈宝泉辞职原因极为复杂,将矛头直指与江苏省教育会有密切关系的蒋梦麟:"某教育会之学阀派素报侵略包办之野心,深忌敝校之发扬,遂利用时机,逞其攻击、压迫、离间种种卑劣之手段,以达其攫取之目的,甚且附属之以为扩张势力之计划。"实际上,无论双方如何论说,派系之争、理念分歧的背后,隐藏的却是"以日为师"与"以美为师"域外观念在中国本土教师培养方式的博弈。

  诚如陈宝泉所言,自1917年以来,随着提高师资培养程度的舆论升温,学界就北高师升格为大学基本达成共识,但究竟升格为师范大学还是普通大学却存在很大分歧,争论异常激烈。以郭秉文、顾树森、许崇庆、贾丰臻等人"留美派"为一方,主张取消师范教育独立设置制度,"寓师范于大学",由综合性大学(普通大学)的文理科培养;另一方以范源濂、陈宝泉、邓萃英、李建勋、李蒸、汪懋祖、常道直等人为代表,他们大多受过高等师范教育或在北高师任教,对日本培养教师模式极为认同,主持或参与民初教育部师范教育规程的制定,极力主张保持师资培养的独立性,将北高师升格为师范大学。双方利用各种媒介平台(杂志、报纸以及召开会议),为己方营造舆论氛围。1921年9月

29日，李建勋接任北高师校长，[1] 面对学界北高师改良日渐向综合大学舆论倾斜，[2] 奔走呼吁，加大力度稳固北高师一方的舆论阵营[3]。在1922年9月学制会议上，李建勋提出《改全国高等师范学校为师范大学案》[4]，力主北高师独立设置，该提案顺利通过。11月，由北洋政府大总统名义颁布的《学校系统改革令》中规定："依旧制设立之高等师范学校，应于相当期内提高程度，收受高级中学毕业生，修业期限四

---

[1] 李建勋与邓萃英知识结构极为相似，先后留日（日本广岛高等师范学校）、留美（美国哥伦比亚大学），1921年回国后受聘北高师教育系教授兼教育研究科主任。部令：训令：第二百七十七号（十年九月二十九日）：令北京高等师范学校：委任李建勋为北京高等校长[J].教育公报，1921,8（10）14,4.

[2] 如在1921年10月召开的以讨论和制定《学制系统草案》为中心议题的第七届全国教育联合会议上，就高等师范教育形成针锋相对的两派意见，一派主张继续维持高师独立办学的体制，另一派则主张北高师并入大学，大学设立师范科。会议决议通过的《学制系统草案》"师范教育说明"中，取了中间立场，"大学得设师范科，高等师范得仍独立"，但以"大学师范科为正宗"，北高师反而成为旁支。璩鑫圭，唐良炎.中国近代教育史资料汇编：学制演变[M].上海：上海教育出版社，1991：872-873,864.

[3] 如1922年7月，李建勋为北高师顺利升格为师范大学，专门修订组织大纲，学则概要及课程标准，使其初具师范大学之规模，并专门呈交教育部。教育部给予"大致尚无不合，应准试办"批示，为北高师改师范大学营造舆论氛围。部令：指令：第一千四百六十九号（十一年七月二十五日）：令北京高等师范学校校长李建勋：呈一件遵令拟就高师组织大纲学则概要及课程标准请备案示遵由[J].教育公报，1922,9（7）：48.

[4] "吾国高师制，仿自日本，日本近时升格运动，颇见激进，现升格案业经政府提交众议院议决，实现之期，当属不远，吾国更无墨守旧制，故步自封之理。"并援引哥伦比亚大学师范学院成例及著名教育家巴格莱（Bagley）著作《美国公立学校教员养成》课程表，认为"与吾国高师制所分英文史地理化等部，不谋而合"。从北高师教育目的、教材、教法和训练等方面的特殊性，他专门比较了师范大学与综合大学的教育氛围，"入校中（师范大学，笔者注），耳濡目染，不知不觉之间，而所学科目，皆倾向于教育化之一途，故欲达此训练之目的，非师大不为功。至于他科大学卒业者，虽亦可入师大研究科，学习若干教育科目，然较师大之六年卒业生长久酝酿于教育化者，相去固远也。"建议"现在高等师范亟宜提高程度，延长修业年限为六年，与其他六年制大学平等，改称为师范大学，除设教育科外，兼设学生毕业后应担任教授之各种学科。"李建勋.请改全国国立高等师范学校为师范大学案[J].教育丛刊，1922,3（5）：1-3.

年，称为师范大学；为补充初级中学教员之不足，得设两年制师范专修科，附设于大学教育科或师范大学，亦得附设于师范学校或高级中学，收师范学校或高级中学毕业生。"由此，北高师独立设置或综合大学办师范科都获得法理性认定。北高师迅速成立"筹备北京师范大学委员会"，积极筹划升格事宜，12月18日，教育部下发委任令，李建勋成为筹备北京师范大学委员会委员。在李氏等人的努力下，1923年7月1日，北高师升格为北京师范大学，成为六所国立高师改大后"仅存的硕果"，数年后，汪懋祖、陈宝泉给毕业同学录写序时，还专门提到"本校至今蔚然存者，李先生诸教授力争之功为多"。

北高师升格为师范大学后，办学经费支出依然是最大问题，学生再一次运动起来，奋起自救，引发又一次的校长风潮①，在大多数教职员心目中，在教育界有极高声望和广泛人脉的范源濂成为校长最佳人选。李建勋辞职，教育部正式任命范源濂出任校长。任命发布后，范氏因各种原因而迟迟不肯就任，不得已，教育部发布第306号训令，由普通教育司司长陈宝泉暂代校长②。时隔两年，当初被迫辞职的前校长陈宝泉，又一次以"暂行兼代"的身份，回到已升格为师范大学的北高师，不能不让人唏嘘。

总之，1920年，在北高师校长风潮中，抛开派系之争、教育界缠绕反复的复杂人事关系，"北高师并入北大"是北高师改大论争的初步博弈，"师日"还是"师美"的深层纷争扮演着幕后推手。在这次风波

---

① "北京高等师范学校学生，因对于该校校长李建勋之去留问题，意见未能一致，遂有驱李、拥李、中立三派，先后发展"，这一斗争的背后，又有以"校务改进会"和"学校维持会"的组织为依托。高师学生因校长问题决裂[N]. 晨报，1922-10-13（03）.

② "查该校校长李建勋有明令辞职，师范大学校长范源濂尚未到任，除电促范校长即日回国就职外，所有北京高等师范学校校长职务，派本部司长陈宝泉暂行兼代。"部令：训令：第三百零五号（十一年十二月二十日）：令北京高等师范学校：准李建勋辞北京高师校长派陈宝泉暂代[J]. 教育公报，1922，9（12）：23，6.

165

中，随着舆论发酵矛盾激化，教育总长范源濂不得不表明态度，专门强调北高师的独立学校地位，缓冲稍早时段教育部对南高师郭秉文等"寓师范于大学"改革支持所带来的潮涌。① 实际上，无论升格为师范大学或综合大学，六所国立高师均先后出现了各种棘手问题，针对这些问题，1924年年初北京师范大学仿效美国大学制度设立董事会，由梁启超、张伯苓等社会名流组成的董事会，为经费困难的北师大奋力呼吁；而1925年中华教育改进社年会通过"呈请教育部恢复国立高等师范教育改建师范大学以发展师范教育案"决议案，表明原本持"综合大学"观点者开始进行反思北高师升格为综合大学师范系或科的流弊。无论日本独立设置师范大学（教育大学），抑或美国在综合大学设立师范教育学院，都与其历史传统、社会心理相得益彰。而具体到中国，无论"师日"独立设置，还是"师美"的综合大学，我们都有着数量不菲、办学悠久的历史存在，形成了有中国特色的教师培养架构。历史经验告诉我们，无论师范大学，抑或综合大学模式，都不能一劳永逸、一蹴而就保障师范教育、教师培养的质量和水平，毕业生的教学能力、学术能力的水平展露，很大程度上与社会需要有直接关系，而大众媒介推波助澜，会不时影响社会需要的舆论风向。而清华、北大本科毕业生甚至博士到中学任教人数呈不断增长趋势，新闻媒体亦乐此不疲地大幅报

---

① 1920年4月7日，南高师校长郭秉文基于欧美大学发达与严峻的国际局势的"学战"考虑，在校务会议上正式提出在南京筹办国立大学提案，立即获得与会者的一致赞同，4月10日组织"筹设请改本校为东南大学委员会"，郭秉文联合张謇、蔡元培、黄炎培、穆藕初等各界名流，联名发表声明："欧战以后，各国学者乃悟大学教育亦宜注意，凡所谓推广倡设者，汲汲唯恐或后。盖今后之时代，一大学教育发达之时代也。"以此游说国务院及教育部，欲以南高师为基础创立东南大学，并承诺"仍将高师名义保存"，获得教育总长范源濂、司长任鸿隽的赞同与支持。南京大学百年实录编写组. 南大百年实录：上卷 [M]. 南京：南京大学出版社，2001：99-101. 相对而言，同年10月，北高师校长陈宝泉仅拘泥于以"美国模式"为蓝本的高师改大制度设计，与民初师范教育规程相左，自然难以赢取范源濂的赞同和支持，去职在所难免。

道，更加剧了这种热点的持续发酵。在这种热潮的倾向下，教育部近几年更加大了政策和资源投入，大力推动综合性大学在教师培养上发力。在这种情况下，如何关照历史的新旧传统，做好教师培养的顶层设计，或许是我们思考的着力点。

参考文献

[1] 陈宝泉. 退思斋诗文存[M]. 台北：台湾文海出版社，1966.

[2] 敩芳. 教育家邓萃英[M]//王淑芳，邵红英. 师范之光：北京师范大学百杰人物. 北京：北京师范大学出版社，2002.

[3] 吕芳上. 从学生运动到运动学生[M]. 台北："中央"研究院近代史研究所，1994.

[4] 钱玄同. 致周作人（1920年11月28日）[M]//钱玄同，沈永宝. 钱玄同五四时期言论集. 上海：东方出版中心，1998.

[5] 林辉锋. 五四运动中的"留蔡助蒋"再探[J]. 学术研究，2007（11）.

[6] 林辉峰，孙思琪. 钱玄同笔下的1920年北高师校长风潮——兼论五四后至北伐前夕的校长风潮[J]. 北京大学教育评论，2018，16（03）.

[7] HP记. 邓校长就职演说词[J]. 教育丛刊，1921，2（1）.

[8] 云六. 现行师范学制的流弊及其改革法[J]. 教育杂志，1920，12（9）

[9] 孙邦华，姜文. 20世纪二三十年代高师改大运动的偏误与纠正[J]. 天津师范大学学报（社会科学版），2015（4）.

[10] 叶赋桂. 师范教育依何而存[N]. 中国教育报，2019-11-11（5）.

[11] 陈鹏. 综合性大学办师范如何走出窘境 [N]. 光明日报, 2019-11-20 (8).

[12] 陶孟和与高师校长问题 [N]. 晨报, 1920-11-30 (3).

[13] 北高师之更换校长潮 [N]. 民国日报（上海）, 1920-11-26 (3).

[14] 北高师风潮未已 [N]. 申报, 1920-11-30 (6).

[15] 高师校长陈宝泉辞职之宣言书 [N]. 晨报, 1920-11-28 (6).

[16] 陶孟和与高师校长问题 [N]. 晨报, 1920-11-30 (3).

[17] 北高师留陈之坚决 [N]. 民国日报（上海）, 1920-11-28 (6).

[18] 陶孟和与高师校长问题 [N]. 晨报, 1920-11-30 (3).

[19] 蒋梦麟. 高师校长风潮与蒋梦麟（续）[N]. 晨报, 1920-12-5.

[20] 蒋梦麟. 高师校长风潮与蒋梦麟：说明北高师事件经过之事实致陈宝泉先生书 [N]. 晨报, 1920-12-4.

[21] 蒋梦麟. 高师校长风潮与蒋梦麟：说明北高师事件经过之事实致陈宝泉先生书（续）[N]. 晨报, 1920-12-5.

[22] 陈宝泉覆高师学生书 [N]. 晨报, 1920-12-06.

[23] 北大与高师联络之原案 [N]. 晨报, 1920-12-07.

[24] 蒋梦麟致陈宝泉书　北高师事件经过之事实 [N]. 北京大学日刊, 1920-12-04.

[25] 陶孟和. 陶孟和启事 [N]. 北京大学日刊, 1920-12-02.

[26] 范源濂对教育界问题之谈话 [N]. 晨报, 1920-12-03.

[27] 北京高师全体学生公启 [N]. 大公报（长沙）, 1920-12-01.